KB073543

화촌의 열정

화촌의 열정

초판 발행| 2024년 3월 13일

지은이| 송광근

펴낸이| 이창호
디자인| 이보다나
인쇄소| 거호 커뮤니케이션

펴낸곳| 도서출판 북그루
등록번호| 제2018-000217
주   소| 서울특별시 마포구 토정로 253 2층(용강동)
도서문의| 02) 353-9156

ISBN 979-11-90345-21-7 (03910)

송광근

화촌의 설정

붐고루

┃ # 멈추지 않는 도전,
배움에 매혹된 삶의 기록

　　자전적 에세이 『화촌의 열정』의 출간을 진심으로 축하드립니다. 빛 바랜 일기장을 뒤적이며 과거를 회상하며 글을 쓰신 송광근 상무님의 노고에 감사드립니다.

　　수십 년이 지난 오늘에 이르러 희미한 기억의 조각들을 하나하나 꺼내 지나온 삶을 돌이켜 보았을 것입니다. 과거의 아픔이 되살아나기도 했겠지만, 다른 한편으로는 매우 의미 있는 성찰의 시간이었을 것입니다. 또한, 새로이 살아갈 앞날에 대한 다짐의 시간이기도 했을 것입니다. 저 또한 자전적 에세이를 쓰면서 송 상무님과 같은 마음이었습니다.

　　조선의 의병장인 조헌은 쟁기질하면서 밭두둑에 책을 걸쳐 놓고 읽었고, 송나라 학자 장무구는 귀양을 갔을 때 호롱불을 밝힐 기름이 없어 14년간 디딤돌이 파이도록 새벽 창가에 서서 책을 읽었다고 합니다. 송 상무님의 공부에 대한 열정도 그에 못지 않습니다.

　"기회란 오는 것이 아니라 잡는 것이다." 제가 가장 좋아하는 말입니다. 기회는 늘 다가오지만, 기회를 잡는 사람만이 성공의 길로 들어설 수 있습니다. 저도 어려운 환경에서 학업을 이어 9급 공무원으로 시작해 국립대 총장을 마칠 때까지 많은 분의 은혜 아래 소임을 잘 마무리할 수 있었습니다. 세상은 하나의 점으로 시작해서 선이 되었고, 그 선은 세상을 이어 주는 인연이 되어 우리는 그 선을 따라서 살고 있다는 생각이 듭니다.

　이 책이 비록 송광근 상무님 개인과 가정사로 연결된 사연으로 엮었지만, 우리 모두의 이야기와 다를 바 없습니다. 일하며 공부하며 사랑하며 살아온 이야기가 널리 알려져 우리 사회에 용기와 희망을 주는 등불이 되었으면 하는 바람입니다.

류수노(한국방송통신대학교 제7대 총장)

진실한 마음,
생각을 배울 수 있는 소중한 기록

이 책을 읽고 화촌 선생님의 깊고도 진실한 마음을 느낄 수 있었습니다. 가족이라면 어떻게 서로를 사랑하고, 행동해야 하는지를 몸소 실천한 화촌 선생님의 진솔한 인간다움에 감동을 느끼고 존경하는 마음이 생겼습니다.

암에 걸린 아내를 위해서 후회 없는 숭고한 노력을 하는 모습과, 아내의 작품을 사랑하고 기억하는 아름다운 마음에 눈물이 났습니다. 고객의 이익만을 생각하고, 고객에게 항상 감사하는 자세는 일하는 우리 모두가 배워야 할 덕목이라고 생각합니다.

서울의대 건강리더 최고위 과정에서, 건강할 때 건강을 지키는 지식을 먼저 떠나 보낸 아내와 같이 듣지 못한 것을 아쉬워하는 말씀을 듣고 가슴이 아팠습니다. 이 책은 인간 화촌 선생님의 진실한 마음과 생각을 배울 수 있는 소중한 기록입니다.

책을 읽고 추천사를 쓸 수 있는 기회를 주신 화촌 송광근 선생님께 감사드립니다.

정진호(서울의대 피부과 교수, 서울의대 노화고령사회연구소장)

지나가도 아름다운 것은
계속 아름다운 것

요즈음은 자기 포장의 시대인데 송광근 선생님은 세상을 거꾸로 사는 것 같습니다. 세파의 홍수에도 수수하게 살고 남의 눈은 크게 신경 쓰지 않는 모습입니다. 큰 사람이 무엇일까요? 사소한 바람에 흔들리지 않고 잠시 떨어져도 크게 신경 쓰지 않는 사람입니다. 매사에 초연한 모습으로 세상을 볼 수 있다면 금상첨화입니다. 송광근 선생이 그런 분이 아닌가 싶습니다. 글을 통해 만난 송 상무님은 더더욱 큰 사람으로 느껴집니다.

송광근 선생님은 솔직하십니다. 사랑하는 아내와 함께할 때 아내에 대한 표현도 그리하셨고 아내가 곁을 떠난 지금 역시 아내에 대한 애정이 각별합니다. 떠나면 그만이라는 말, 지 나간 것은 다 지나간 것이란 말이 있지만 송 상무님께는 지나가도 아름다운 것은 계속 아름다운 것입니다. 한 줄 한 줄 읽으며 진심을 느끼고 그 진심이 모든 것에 대한 마음이란 것을 알게 되니 그동안 가까웠던 상무님이 새롭게 보입니다.

　말로 느끼는 것과 글로 느끼는 것이 다른 모양입니다. 가끔 만나며 서로를 챙길 때 그 사람의 체온을 알 수 있습니다. 그것이 모든 것인 줄 알았습니다. 그런데 글로 만나는 사람은 또 다른 모양입니다. 내가 아는 송 상무님이 이런 분이셨을까 하는 생각에 깜짝깜짝 놀라게 됩니다. 글은 누구에겐가 읽히게 마련이라 했습니다. 누구든 송 상무님의 글을 만나게 되면 다시 한번 생각하게 될 것입니다. 맑음의 미학, 순수의 아름다움, 추운 겨울에도 의연하게 서 있는 소나무 한 그루를 느끼게 될 것입니다.

　일방적 사랑도 사랑이면 좋겠습니다. 그동안 물리적으로 만났던 송광근이란 사람과 글로 만나는 송광근이란 사람은 분명 달랐습니다. 순수하고 진솔해서 더욱 다가가고 싶은, 그런 사람입니다. 모쪼록 건강하게 지내시고 많은 다른 분들이 나와 같은 마음으로 작가 송광근과 조우하시길 기원합니다.

최영한(전 웅지세무대학교 총장)

먼저 모든 것을 주관하시는 하나님께 감사와 영광을 돌립니다. 이 책은 저의 가장 소중한 내무부 장관인 서영희 작가에게 바치는 책이다.

홀어머니 밑에서 자란 아들은 양부모 밑에 자란 아들보다 어딘가 부족함이 많다고 걱정하는 장인, 장모님과 그 가족들의 만류에도 나 하나만 믿고 결혼해 줬고, 몸에 밴 절약 정신으로 가정을 융성하게 하며 온 가족을 사랑해 주었던 영희에게 감사의 글을 올린다.

잘 커준 두 아들에게 감사하고, 서 작가가 떠난 후, 가족의 윤활유 역할을 해주는 며느리와 손녀에게 사랑과 기쁨을 담아 감사의 마음을 전한다. 청춘을 바쳐 37년간 근무했던 한국투자증권(한국투자신탁)에 감사한다. 특히 직원의 행복경영을 이끌어 주고 서 작가의 디지털 그림 작품을 본사 로비에서 개최하게 해주신 유상호 전 대표님께 감사드린다.

현재 근무하고 있는, 중소기업 지원 특화 증권사인 IBK투자증권 서정학 대표님과 임직원 여러분께 감사드린다. 서 작가가 떠났을 때 슬픔을 함께 위로해 주는 등 가족 같은 직장 분위기에 언제나 고맙고 자랑스러우며 보람차다.

부족한 이 책의 추천사를 써주신 류수노 전 총장님, 정진호 교수님, 최영한 전 총장님께 감사드린다. 서 작가 회고담을 써주신 유명환 교수님, 서 작가 추모시를 보내온 친구 한경수 작가에게 감사드린다.

필자에게 화촌(花村)이라는 호를 지어주신 한국투자신탁 초대 사장 배종승님께 감사드린다. 지금은 고인이 되셨지만 서예가로 후배 직원들에게 붓글씨를 가르쳐 주셨던 자상한 분이다.

항상 기도와 위로의 말씀을 주신 노량진교회 여충호 목사님과 이현수 부목사님, 맛있는 설렁탕 등 음식을 수시로 챙겨주신 전 구역장 정영실 권사님과 병원에서 음으로 양으로 도와주셨던 김창임 권사님과 김귀숙 선생님께 감사드린다.

마지막으로 서 작가가 아플 때부터 서 작가에게 쾌유의 희망을 안겨 주기 위해 이 책을 쓸 수 있도록 구상 단계부터 독려해주고 전체 틀을 잡고 원고를 마무리할 때까지 각별한 애정과 지원을 아끼지 않으신, 친형님 같은 신해룡 박사님께 마음 깊이 감사드린다.

그 외에 마음에 있는 모든 분께 감사드린다.

'아침마당 마케팅'과
나의 본분

　　장석주 시인의 『달과 물안개』라는 산문집에 실린 시가 있
다. "대추 하나가 저절로 붉어질 리는 없다. 저 안에 태풍 몇 개,
저 안에 천둥 몇 개, 저 안에 벼락 몇 개, 저 안에 번개 몇 개가
들어서서 붉게 익히는 것일 게다. 저게 저 혼자 둥글어질 리는
없다. 저 안에 무서리 내리는 몇 밤, 저 안에 땡볕 한 달, 저 안
에 초승달 몇 날이 들어서서 둥글게 만드는 것일 게다." 대추 한
알도 그냥 영글어지지 않는다. 어디 태풍·천둥·번개뿐이겠는가.
살아가면서 태풍 하나, 천둥 하나 만나지 않는 인생이 있겠는가.
위력이 무척 거센 태풍도 다 이겨내고 더 단단해지는 사람이 있
는가 하면, 아주 작은 비바람에도 무너지는 사람이 있을 뿐이
다. 나는 언제나 인생의 중심에 서겠다고 다짐하며 땀과 눈물로
씨앗을 뿌리고 가꾸어왔다.

　　사람은 어떻게 시간을 보내느냐에 따라 미래가 달라진다고

믿고 살아왔다. 오늘 우리가 흘린 땀이 내일 달콤한 열매로 돌아올 수 있도록 '어렵다, 힘들다'고 주저하거나 포기하지 않고 '신난다, 즐겁다, 보람 있다'는 진취적인 자세로 일했다. 고객을 먼저 생각하고 고객을 위해 노력하면 저절로 실적도 올라간다는 마음으로 임해왔기에 그 신뢰가 믿음으로 이어진 것 같다.

투자신탁과 증권업계에서 근무한 지 41년, 오로지 고객의 이익만을 생각하며 고객과 함께한 것이 삶의 전부가 되었다. 사원 시절 어느 고객이 "나를 이용할 생각은 말아 달라"라는 말씀을 하셨는데 그때부터 그 말을 가슴에 새기며 '오직 고객의 이익 만을 생각하는 자세'로 영업에 임했다. 현재의 나는 지금까지 다른 사람의 영향에 의해 만들어진 집합체임을 새삼 실감하고 있다. 지금까지 만나왔던 사람들이 없었다면 내 안에 잠들어 있던 나도 모르는 나를 발견하지 못했을 것이며, 지금의 나 또한 존재하지 않았을 것이다. 자신에게 충실하면서 씩씩하게 도전하는 자산전략가로서의 실천적 근무 자세는 그때부터 시작되었다.

오랜 기간에 걸친 나만의 일관성 있는 성실한 마케팅으로 저축고를 늘리고, 더불어 회사의 이익을 키우면서 나의 가족과 함께 지금까지 경제적으로 어려움 없이 지낼 수 있었다. 지방 지점의 점포장으로 발령받아 상대 투신사와 비교도 안 되는 저축고를 늘리기 위해 밤잠을 줄여가며 최선을 다했다. 그러한 와중에 지방 모 신문사 아침마당에 글을 게재하는 기회가 생겼다.

회사의 저축고 제고와 고객의 이익 증대에 대한 끝없는 열정과 초심을 잃지 않으려 내 자리에서 본분을 지켜야 한다는 사명감이 더욱 커졌다.

어느날 '본분'이란 무엇인가를 자세히 알아보기 위하여 국어대사전을 펼쳐보았다. 그곳에는 첫째, 사람이 저마다 갖는 본디의 신분 둘째, 마땅히 지켜 행하여야 할 직분으로 풀이되어 있었다. 글자 그대로 '본분'이란 사람이 제각기 가지고 있는 위치나 지위라는 뜻과 그 위치나 지위에서 행하여야 할 책임과 의무라는 두 가지 뜻을 가지고 있음을 알 수 있었다. 도대체 사람이 사람답게 되는 기본이 무엇일까? 외람되지만 나는 평소 각자의 자리를 알고 그 자리의 본분을 다하는 것이라고 생각해왔다.

그렇다면 투자신탁 직원은 해당 업무에 대한 전문성의 배양에 힘쓰고 고객의 기대에 어긋나지 않게 최선을 다해 고객의 소리에 귀를 기울이고 진정한 자산전략가로서의 책임과 본분을 다하는 것이 사람답게 사는 기본이 아니겠는가.

기회가 있을 때마다 일하면서 느낀 이야기들을 신문에 기고했다. 뜻밖에도 부족한 글이었지만 많은 분이 격려와 응원을 해주셨다. 주변에서 이리저리 흩어져 잊히는 것보다 책으로 엮어 두고두고 곁에 두고 읽을 수 있으면 좋겠다는 적극적인 권유가 있었다. 그래서 내 글도 글이지만 서영희 작가의 맑고 푸른 작품들과 한데 엮어내면 좋겠다는 생각이 들어 출간 준비를 시작했다.

초고를 읽어보신 평소 존경하는 세 분께서 소중한 추천사를 보내주셨다. 고개 숙여 깊은 감사를 드린다. 먼저 한국방송통신대학교 제7대 총장 류수노 총장님께서는 내가 평소 가지고 있던 생각을 그대로 간파하시고 추천사를 통해 다음과 같이 말씀해 주셨다. "빛 바랜 일기장을 뒤적이며 과거를 회상하며 글을 쓰신 송광근 상무님의 노고에 감사드립니다.

수십 년이 지난 오늘에 이르러 희미한 기억의 조각들을 하나하나 꺼내 지나온 삶을 돌이켜 보았을 것입니다. 과거의 아픔이 되살아나기도 했겠지만, 다른 한편으로는 매우 의미 있는 성찰의 시간이었을 것입니다. 또한, 새로이 살아갈 앞날에 대한 다짐의 시간이기도 했을 것입니다. 저 또한 자전적 에세이를 쓰면서 송 상무님과 같은 마음이었습니다."

다음으로 서울대 의대 정진호 교수님은 "암에 걸린 아내를 위해서 후회 없는 숭고한 노력을 했던 모습과 아내의 작품을 사랑하고 기억하는 아름다운 마음에 눈물이 났습니다. 고객의 이익만을 생각하고, 고객에게 항상 감사하는 자세는 일하는 우리 모두가 배워야 할 덕목이라고 생각합니다.

서울의대 건강리더 최고위 과정에서, 건강할 때 건강을 지키는 지식을 먼저 떠나보낸 아내와 같이 듣지 못한 것을 아쉬워하는 말씀을 듣고 가슴이 아팠습니다. 이 책은 인간 화촌 선생님의 진실한 마음과 생각을 배울 수 있는 소중한 기록입니다." 라고 추천사에서 밝히셨다. 부끄럽고 보잘것없는 글인데도 오로지 사랑의 마음으로 추천해주신 내용을 통해 너무나 큰 위안을 얻었고 어느 대목에선 먹먹해져 오는 것을 숨길 수 없었다.

끝으로 웅지세무대학교 총장을 세 번이나 연임하신 최영한 총장님께서는 "큰 사람이 무엇일까요? 사소한 바람에 흔들리지 않고 잠시 떨어져도 크게 신경 쓰지 않는 사람입니다. 매사 초연한 모습으로 세상을 볼 수 있다면 금상첨화입니다, 송광근 선생님이 그런 분이 아닌가 싶습니다. 글을 통해 만난 송 상무님은 더더욱 큰 사람으로 느껴집니다. 송광근 선생님은 솔직하십니다. 사랑하는 아내와 함께 할 때 아내에 대한 표현도 그리하셨고 아내가 곁을 떠난 지금 역시 아내에 대한 애정이 각별합니다. 떠나면 그만이라는 말, 지나간 것은 다 지나간 것이란 말이 있지만 송 상무님께는 지나가도 아름다운 것은 계속 아름다운 것입니다.

한 줄 한 줄 읽으며 진심을 느끼고 그 진심이 모든 것에 대한 마음이란 것을 알게 되니 그동안 가까웠던 상무님 이 새롭게 보입니다. 말로 느끼는 것과 글로 느끼는 것이 다른 모양입니다. 가끔 만나며 서로를 챙길 때 그 사람의 체온을 알 수 있습니다. 그것이 모든 것인 줄 알았습니다. 그런데 글로 만나는 사람은 또 다른 모양입니다.

내가 아는 송 상무님이 이런 분이셨을까 하는 생각에 깜짝 깜짝 놀라게 됩니다. 글은 누구에겐가 읽히게 마련이라 했습니다. 누구든 송 상무님의 글을 만나게 되면 다시 한번 생각하게 될 것입니다. 맑음의 미학, 순수의 아름다움, 추운 겨울에도 의연하게 서 있는 소나무 한 그루를 느끼게 될 것입니다."라고 말씀해 주시면서 "일방적 사랑도 사랑이면 좋겠습니다. 그동안 물리적으로 만났던 송광근이란 사람과 글로 만나는 송광근이란 사람은 분명히 달랐습니다.

순수하고 진솔해서 더욱 다가가고 싶은, 그런 사람"이라며 나를 어루만져 주셨다. 그동안 최영한 총장님과 나눈 각별한 우정이 뜨겁게 다가왔다. 앞으로도 시간 날 때마다 뵙고 가르침 받으며 때로는 차 한잔하면서 인생의 희로애락을 함께 나누고자 한다.

부디 류수노 총장님의 추천사 마지막 말씀대로 "일하며 공부하며 사랑하며 살아온 이야기가 널리 알려져 우리 사회에 용기와 희망을 주는 등불이 되었으면 하는 바람"이 실현되기를 바란다. 아울러 총장님의 추천사 제목대로 이 책이 '멈추지 않는 도전, 배움에 매 혹된 삶의 기록'으로 남기를 소망해 본다.

끝으로 책 제목에 쓴 호인 '화촌'은 한국투자신탁 초대 사장이자 서예가로 활동했던 배종승 선생님께서 한투 후배들에게 붓글씨를 가르치신 적이 있었는데 그때 저에게 지어준 것이다. 花村(화촌)은 꽃마을을 뜻하는 데 지금 뒤돌아보니 국화, 장미, 모란, 해바라기, 민들레, 동백꽃을 즐겨 그린 서영희 작가에게 지어준 호라고 생각된다. 참으로 감회가 새롭다.

Part 1 자산전략가의 인생경영 노트

Part 2 디지털 아티스트의 꿈

Part 3 에필로그

Part 1
자산전략가의
인생경영 노트

어머니, 감사합니다

고통 속에서 우리를 낳아 키워주시고, 우리가 늦은 시간에 공부할 때 기도를 해주시며, 결혼하여 성장한 어른이 되었어도 지극한 사랑의 눈빛을 보여주시는 어머니께 감사드립니다.

며칠 전 여성 가장들을 대상으로 재테크 특강을 진행한 적이 있었다. 강의 방향을 어떻게 설정해야 할지 고민하다가 여느 여성 가장 못지않게 고생하신 어머니를 생각하게 되면서 '삶 테크'가 더 유익할 것 같았다. 이에 숨기고만 싶었던 과거의 아픈 추억들 하나하나를 모두 그분들께 진솔하게 전달하고자 노력하였다.

강의 도중에 눈물을 흘리시는 몇몇 분을 보고 나는 가슴속까지 북받치기도 했고 '그동안 고생하신 어머니에 대해 너무 모르고 있었구나'라고 생각하면서 반성하기도 했다.

32세에 홀로 되시어 시댁과 친정에서의 재혼하란 말을 뒤로

하고 어린 두 아들과 함께 작은 방 하나에서 생활하셨다. 밥줄인 양동이 하나를 머리에 이고 힘겨운 모습으로 나가시는 어머니 뒷모습을 볼 때는 눈물이 계속 흘러나왔다. 그런 어머니이기에 내가 국민학교 다닐 때 충청남도 도지사가 주는 '장한 어머니상'도 받으셨다.

어머니는 그 이름만으로도 가슴 한구석을 뭉클하게 만든다. TV 프로인 '우정의 무대'에서 군인들이 모두 함께 '어머니' 하고 외치면 무대 뒤에서 나오는 어머니는 '우리 모두의 어머니'란 것을 군인들의 감동 어린 눈빛으로도 알 수 있다.

궁핍하던 시절 자녀를 위해서라면 어떤 궁핍함도 감내했던 어머니상을 '생존지향형'이라고 한다면 세련된 소비생활을 추구하는 요즘 미시족 엄마는 '성장지향형'이라고 한다.

현대사회에서는 어머니의 일방적인 희생만을 요구하는 모성상이 정립되면서 '슈퍼마더 신드롬'에 시달리고 '훌륭한 어머니 되기 열병'을 앓고 있다고 한다. 아침마다 울며 매달리는 아이를 떼어놓고 직장으로 향하면서 죄책감을 느끼는 어머니, 손찌검을 한 뒤 더 아파하는 어머니, 자녀 교육에 혼신의 노력을 다했으나 기대에 어긋나 버린 자녀들로 인해 가슴이 아픈 어머니, 특히 맞벌이 부부인 어머니는 직장에서의 피곤함을 해소할 곳 없이 집에서도 자녀의 공부와 가사는 물론 시부모 모시는 일 등으로 이중삼중의 부담을 안게 된다. 이러한 고달픔으로 한번쯤은 도피처가 어디인가를 생각할지도 모른다.

하오나 어머니 존경합니다. 그리고 사랑합니다. 하실 수만 있다면 우리 가족을 지켜주소서. 대단히 죄송하지만 우리 자녀를 위해 희생이라는 단어만 요구하고 싶습니다. 그리고 '훌륭한 어머니 되기 열병'의 해결책을 찾아주소서……. 문득 피천득 시인의 수필집인 『엄마』에서 본 글귀가 생각납니다.

내게 좋은 점이 있다면 엄마한테 받은 것이요, 내가 많은 결점을 지닌 것은 엄마를 일찍 잃어버려 그의 사랑 속에서 자라나지 못했기 때문이다." (한빛일보 2001. 9. 6.)

나의 자식은 왕입니다

어느 아파트단지에서 어린이들이 승용차 위에서 놀고 있는 것을 목격한 한 사장님이 애들을 나무라자 경비가 황급히 쫓아와 이렇게 말하면서 말렸다고 한다. "사장님, 애들을 혼내시면 큰일납니다. 애들 부모들이 '보상해 주면 되지 왜 애들 기를 꺾느냐'라고 말하면서 저를 혼냅니다."

학교에서 숙제를 해오지 않았다고 선생님이 체벌했다는 말을 전해들은 나는 바로 학교에 가서 선생님께 항의했고, 식당에서 떠드는 아이에게 종업원이 조용히 하라고 말 한마디 하다가는 나에게 말 못할 수모도 당했다. 또한, 슈퍼에서 애들이 돈을 내지 않고 물건을 가져오다 주인한테 혼나면 쫓아가서 "내가 주면 될 거 아니야"라고 화내며 욕도 했다. 이렇게 자식들을 금이야 옥이야 하면서 최고로 키웠다.

그렇게 크다 보니 세상이 모두 제 것처럼 생각되고, 모두가 나의 발 밑에 있다. 선생님 말씀은 물론이고 머리가 커서는 부모 말씀도 듣지 않고 나아가 이웃집 어른의 말씀은 더더욱 통하지 않는다. 어쩌다 자녀 교육이 이 지경까지 이르렀는지 도무지 모르겠다.

'이러한 애들이 커서는 무엇이 될까?'라는 생각도 해보지만 그때는 내가 없을 테니까 걱정하지 않고 안심해도 된다고 위안으로 삼을까?

이렇게 성장한 아이는 희생하는 공동체 수장이 되는 것이 아니라 자기 자신만 알고 손해를 보지 않으려는 개인주의, 독선주의가 팽배한다. 그 결과 더불어 사는 사회는 없어지고 내가 남을 밟고 서야 하는 삭막한 세상이 올 것만 같다.

부모님은 사고 치는 자식을 위해 손해배상하느라 모은 돈 다 쓰고 이 세상 떠나는 날까지 뒷바라지만 하다 떠나는 가시고기 이상의 희생을 강요당하고, 그런 자식 걱정에 눈도 편히 감지 못할 것 같다. 더 무서운 것은 현대판 고려장을 당할 수도 있다는 것이다. 나는 이런 걱정을 미연에 방지하기 위해서는 이렇게 해야 한다고 생각한다.

첫째, 자식들은 냉정하게 키워야 될 것 같다.

사마천(司馬遷)의 『사기(史記)』에 나오는 "자모(慈母)에게 패자(悖子)가 있다"라는 말은 자애가 깊은 모친, 자식에게 매우 인자한 모친에게서 오히려 불량하고 버릇없는 아들이 생긴다는 것을 뜻한다. 한번쯤은 생각해 볼 문제다.

또 영국 작가 서모셋 몸은 "자식으로서 자비심이 깊은 모친을 가진 것보다 더 큰 불행은 없다"라고 말했다. 이는 자식에 대한 지나친 사랑은 자식을 무절제한 상태(방종, 포악, 횡포 등)로 만들어 무슨 일이건 제멋대로 하거나, 모친에게 너무 의존할 염려가 있어 무사안일의 사고로 흐르기 쉽다는 것이다.

둘째, 가정 교육이라 생각한다.

가정 생활이 사회에 나설 준비 단계이며, 사람의 마음이나 품성이 우선 가정에서 만들어진다. 학교는 사회 활동에 필요한 지식이나 기술을 습득하는 곳에 불과하며 완전히 성장한 뒤에도 가정에서의 생활이 원만한 사람이라야 사회 활동도 잘한다. 가정적으로 불행한 사람들이 원만하지 않은 사회 생활을 하게 될 확률이 더 높다는 것은 명확하다.

셋째, 효(孝)라고 생각한다.

어른들에게 예쁘고 존경하는 모습으로 인사를 하도록 하고, 가족이 식사 할 때 아버지가 수저를 든 후에 애들이 들게 한다. 또한 애들 것보다 할머니, 할아버지 것을 먼저 챙기고, 자식 보는 앞에서 선생님께 머리 숙이는 부모님의 모습이 있어야 한다. 이렇게 하면 애들도 선생님을 공경하게 되어 참된 지식도 얻게 된다.

나는 바쁘게 살다 보니 자주 들었던 "미운 자식 떡 하나 더 주고, 이쁜 자식 매 하나 더 준다"라는 우리 속담을 잊고 사는 것 같다(한빛일보, 2001. 9. 13.).

나의 가족을 지키는 운전기법

우리는 생활의 편리함과 초(秒)테크 문화에 익숙해져 있다. 그래서인지 도로를 만든다고 아름다운 산을 편한대로 갈라놓아 생태계가 망가졌고, 도시는 늘어지는 아스팔트, 삭막한 회색빛 다리와 고가도로, 숨막히는 매연 등으로 더럽혀졌다. 그래서 휴일이면 맑은 공기를 마시러 자동차를 자주 이용하게 된다.

일상생활에서도 꼭 필요한 자동차는 시간 절감과 편리함이라는 가치를 제공하지만 운전자의 마음가짐에 따라 우리 자신을 이 땅에서 영원히 떠나게 하는 무서운 무기도 될 수 있다는 것을 언론을 통하여 자주 봐왔다.

이웃에 사는 멀쩡한 사람이 교통사고로 한순간에 불구가 되거나 고인이 되었다는 소식을 접하는 경우가 허다하다. 일가족이 함께 승용차를 타고 여름 여행을 떠났다가 중앙선을 침범한 차에 치여 가족 모두가 세상을 떠난 일, 길에서 놀던 아이가 사고로 영원토록 불구가 된 부모님의 아픈 마음, 졸지에 부모를 잃고 소년소녀가장이 된 슬픔, 어머님이 새벽기도를 하러 가다가 크게 다치신 것, 남편을 잃고 홀어머니가 되어 자녀들과 함께 고생하는 것, 아내를 잃은 남편이 엄마 노릇까지 해야 하는 것 등 모든 것이 우리 사회의 슬픔이다. 이런 일은 나와 내 가족에게도 발생할 수 있다. 이 슬픔은 바로 당신에게도 있을 수 있는 것이다.

그러나 위에서도 이야기했듯이 이 슬픔은 내가 방지할 수 있는 것이며 나의 의지에 따라 이 슬픔을 줄일 수 있는 것이다. 그래서 자동차 운전에 대해 나는 이렇게 다짐한다.

'나는 운행할 때 꼭 안전거리를 확보하겠다.' 안전거리를 확보하면 사고를 미연에 방지할 수 있으며 앞차가 사고 났을 때 연쇄 추돌을 예방할 수 있다.

'나는 신호등을 꼭 지키겠다.' 사거리에서 황색신호등을 보고 속도를 내었지만 앞으론 꼭 정지하겠다.

'나는 그동안 빨리 가려고 횡단보도의 정지선을 넘어 세웠지만 이젠 생명선으로 알고 꼭 지키겠다.'

'나는 파란 신호가 들어와도 횡단보도를 미처 다 건너지 못한 노약자를 위해 안전하게 건널 때까지는 뒤차가 빵빵거려도 출발하지 않겠다.'

'나는 새벽이든 차가 있든 없든, 보는 사람 있든 없든 신호를 꼭 지키

겠다.'

'나는 단 한잔의 술을 마셔도 운전을 하지 않겠다.' 나보다도 타인을 위해서 말이다. 그것이 나의 가족을 지키는 일이다. 나는 다른 운전자에게 불편함을 주는 것과 사고 내는 것을 방지하기 위해 절대로 불법 주정차를 하지 않겠다.

'나는 좌회전을 할 때에는 회전 표시 점선을 절대로 넘지 않겠다.'

'나는 우회전을 할 때에는 횡단보도에 보행자가 없어도 보행신호가 끝날 때까지 절대로 출발하지 않겠다.' 우리 애들이 튀어나올 수 있으니까.

'나는 운행 중에 급한 일로 차선을 변경하거나 불가피하게 끼어들 때에는 반드시 뒤 차량에 비상등을 켜거나 손을 들어 양해의 인사를 하겠다.' (요즘 젊은 사람들 중에는 본인이 운전을 잘한다고 생각해서 그런지 인사를 하지 않는 사람이 많다.)

'나는 급한 차량을 위해 양보해 주고 인사를 받는 경우에는 웃는 얼굴로 손을 들어 답례하겠다.'

이것들을 지키는 것이 곧 나와 나의 가족을 지키는 길이다. 또 나의 자식이 아빠의 운전하는 모습을 따라 한다는 것도 다시 한번 생각한다.

나는 가끔 옛날 선인들이 부러워진다. 개나리 봇짐을 등에 지고 서울에 올라갈 때 푸른 하늘(껌껌한 비구름이 낀 하늘도 있지만)과 그림 같은 산과 들, 개울을 보면서 걷다 보면 마음속에서 모든 근심걱정이 없어졌을 것 같다. 또한 산새들의 노래 장단에 맞추어 즉흥적인 자작 시조를 흥얼거리다가 목 마르면 근처의 계곡물로 목을 적시고 밤이면 주막집에서 쉬면서 이름 모를 별들이 가득 메운 밤하늘을 바라보는 한편 갖은 풀벌레 울음소리를 들었을 것이다. 이런 시간을 보내면 모두가 사실적인 화가이고 감정적인 시인이었을 텐데….

어차피 한번 사는 인생인데 자고 일어나면 세상이 바뀌는 지금보다 여유 있던 옛날에 태어났으면 더 좋았을 것 같다(이 소리를 옛날 선인께서 들으시면 '얘끼놈'하고 혼내실 것이다.).

차량 뒷유리에 "나는 양반이라 여유가 있다"라고 쓰인 스티커를 붙이고 다니고 싶다(한빛일보, 2001. 8. 23.).

사랑하는 아들에게

10년에 한 번 올까 말까 한 무더운 날씨에 공부한다고 고생이 많지? 아빠가 좋은 말만 해주면 좋겠는데… 항상 아들의 앞일을 생각하니 마음만 답답해서 좋은 말보단 걱정의 말만 하는 것 같다.

아들아, 비록 너의 영어 실력이 뛰어나지 않다고 생각하더라도 열심히 하렴(아빠가 생각할 땐 울 아들이 영어를 잘하는 것 같은데…).

지금은 고등학교만 졸업해서는 취업이 안 되고, 아빠가 살아봐서 아는데 학벌이 없으면 명함도 내밀지 못한다. 자신이 위축되어 다른 사람 앞에서 기가 죽거든. 물론 표현은 하지 않지만 말이야. 그래서 하는 말인데 영어만큼은 꼭 정복해야 해. 그래야 네가 가고 싶은 대학에도 입학할 것 아니니?

조금씩 실력이 향상되고 있다니 얼마나 좋니. 더욱더 열심히 해서 2학기 수시모집에 지원해서 합격했으면 하는 것이 아빠의 바람이야.

　우리나라가 부강한 나라라면 한글만 알아도 되지만, 사회주의 국가인 중국에서도 영어 공부 열풍이 불고 있는 것을 보면 너희 세대에서는 영어 공부를 하지 않고서는 못 배길 것 같다. 그리고 아빠, 엄마와 이야기할 때 네가 하고 싶은 말을 하렴. 너의 표현이 있어야 다른 생각도 해볼 수 있는 거야.

　논리적으로 이건 이러니까 이렇게 해야 된다고 네가 생각하는 것을 이야기해. 너의 욕심도 표현하고 말이야. 그래야 아빠가 어떻게 도울 수 있는지 생각도 해볼 수 있을 거야. 아빠에게 직접 말하기 곤란하면 이렇게 편지로 보내라. 아빤 자기의사를 분명하게 표현하는 사람이 더 좋다.

　아들아, 깡과 사나이 기백을 길러서 너와의 싸움에서 이기도록 해라. 하나님께 기도하고, 지적 능력에는 약간의 차이가 있지만, 그것보다는 누가 더 집중해서 노력했느냐(연습은 배신하지 않는다)가 중요해(정신일도 하사불성, 정신을 한곳에 집중하면 못하는 일이 없다. 예) 호랑이에게 잡혀가도 정신만 차리면 산다). 그 다음에 누가 더 잠을 적게 자고 공부했느냐가 등락을 결정하는 거야.

　아빠는 네가 뉴질랜드에서 나름대로 열심히 공부했다고 생각해. 네가 그렇지 못했다면 방법은 어떠했는가를 반문해 봐. 너만이 그 답을 알 수 있어. 그리고 그것을 개선해야 해.

　"소 잃고 외양간 고친다"라는 말이 있지만 고치지도 않고 있으면 또 잃거든… (미리 외양간을 고치면 소도 잃지 않지만). 여기에서도 네가 머리를 써서 공부해야만 해, 세상 사는 것도 마찬가지고 쉽게 공부한 것은 쉽게 잃어 버려. 고생하며 배운 것이 오래 남는 거야.

세상을 살다 보면 '공부하는 것이 제일 쉬웠어요'란 말이 나올 거야. 하지만 그땐 너무 늦은 거야.

아들아, 우리 한번 멋있게 공부하자. 그래서 좋은 대학에 가서 네가 원하는 삶을 살아보자, 후회 없는 그런 삶!

우리 집안의 영광을 함께 누리자. 할머니, 외할머니, 삼촌, 이모, 이모부, 사촌들, 엄마와 아빠의 지인들에게 자랑해야지. 돌아가신 할아버지, 외할아버지에게도 기쁜 소식을 전해보자.

아들아, 아빤 너희 두 형제가 잘 되기를 바라고, 아침에 출근하면서 이렇게 기도한단다. '하나님, 우리 두 아들을 사회에 꼭 필요한 그런 사람으로 만들어 주세요. 그리고 후회하지 않는 그런 삶을 살게 해주세요.'

아빠가 또 편지 할게. 더위에 건강 조심하고, 식사 거르지 말고. 우리 아들 화이팅!!!

아들이 외로울 때 친구가 되고픈 아빠가(2004. 8. 11.)

새로운 마음의 자화상

누구도 전혀 예상치 못했던 9·11테러 사건의 충격 때문이었을까? 이른 새벽, 지친 육신의 휴식을 깨고 컴컴한 거실 소파에 앉아 멍하니 창 밖만을 바라보고 있었다. 더는 잠이 오지 않을 것 같아서 음악을 들었다. 이어서 세면을 마친 후 거울을 보는 순간, '참 많이도 변했구나'라는 생각을 하게 되었다.

며칠만 지나면 우리나라의 가장 큰 명절 추석이다. 그저 숨 가쁜 일상의 고리를 잠시 끊어주는 휴일 정도로만 인식하고 있는 나, 아니 어쩌면 아무 생각도 없이 추석이 한 번 두 번 지나갈 때마다 흰머리만 늘어가는 사실조차 모르고 있던 나 자신이 오늘 새벽엔 너무 허무했다. '난 무엇을 하며 지난 40여 년을 살아왔던가?'라고 자문(自問)한 후 난 침묵할 수밖에 없었다. '난 참 열심히 살았는데…. 참 바쁘게 살았는데….'

어둠을 채워가는 고요함 속에서 이제 내가 던지는 화두(話

頭)는 '삶의 의미'였고, 지난 시절 가슴이 터질 듯한 추억들이 내 혈관을 타고 흘러 뇌를 자극하기 시작했다. 머리가 새카맣던 난 분명 의미를 찾아 살아가고 있었다. 결혼 전 지금의 내 아내와 함께 마시던 차 한잔의 맛과 향이 그랬고, 저축고 증가를 위해 밤낮을 가리지 않고 들길, 논길을 다니며 영업 활동을 하던 숨가쁜 호흡이 그랬다. 내 사랑하는 아이들이 이 세상에 태어나 처음 울던 그 소리가 그랬고, 세상이 미워질 정도로 지쳐 있을 때 소주 한 잔 가득 채워주는 죽마고우의 따스한 우정이 그랬다.

아무도 곁에 없는 고독한 이 순간에 눈시울이 뜨거워진 후 문득, 후회 없이 살아야겠다는 생각이 들었다. 비로소 다시 내 삶을 사랑할 수 있을 것만 같은 희열로 내 몸이 달아올랐고, 이제는 다시 내 삶의 1분 1초를 의미와 가치로 채워가리라는 강한 의지가 용솟음치고 있음을 확인하게 되었다.

이러한 의지를 실천하기 위해 이번 추석은 새로운 마음가짐으로 맞을 것 을 다짐한다. 이른 아침 눈 뜨자마자 손가락을 꼽아보던, 살아 움직이는 동심(動心)으로 소중히 맞아야겠다. 오랜만에 가족들이 모여 밤새워 정다운 이야기를 나누고, 우리가 한마음임을 다시 확인하는 의미 있는 시간으로 채울 것이다. 교통 체증으로 도로가 다 막혀 차가 움직일 수 없어도 조상님께 1년의 결실에 대해 감사드리는 추석을 의미 있게 채워간다는 마음으로 겸허한 미소를 지으리라.

생각이 바뀌면 모든 것이 변한다고 하던가? 무겁고 허무한 마음을 내려 놓으니 이토록 자유로운 것을. 출근한 후에 직원들과 함께하는 시간이 내게 그토록 소중하기에 벌써 그들이 그리워진다. 또한 나의 고객들이 무척이나 고맙고 보고 싶어진다.

어느덧 새벽이 다가왔다. 오늘은 깨끗이 세탁한 한복으로 갈아입으면서, 처음부터 다시 시작한다는 새로운 마음으로 아파트 문을 나서며 힘찬 출발을 약속한다(한빛일보, 2001. 9. 27.).

창의력이 곧 경쟁력

IMF 외환위기 이전에는 직장인의 가장 큰 덕목으로 성실 (誠實)과 인화(人和)를 꼽았다면 급변하는 현재는 개인의 창의적 인 능력을 직장인의 평가 기준으로 삼을 정도로 인식이 바뀌었 다. 예를 들어 예전에는 업무 능력이 떨어져도 근면하고 착하고 온유한 성품을 가진 직원을 윗사람이 인정하고 회사에서 선호 하였다면 지금의 경영자들은 머리 좋고 재주 많은 직원을 채용 하려고 하지 무조건 착한 사원만을 선호하지 않는다. 이제는 사 회의 모든 분야가 전문화되어 있기에 전문화된 지식과 기술을 갖추지 않고서는 생존할 수 없기 때문이다.

현대사회는 그야말로 능력 제일주의 사회다. 어떠한 조직 에서든 자신의 능력에 따라 자신의 위치가 결정된다. 능률과 성과를 중요시하는 기업에서는 더욱 그렇다. 무능하다고 평가 받는 사람은 스스로 도태되거나 타의에 의해 밀려날 수밖에 없다. 직원 한두 사람의 무능력으로 인해 조직 전체가 영향을 받는다고 보기 때문이다.

기업을 맞물려 돌아가는 기계로 비유할 때 고장이 나거나 제 기능을 발휘하지 못하는 부품은 신속히 교체해줘야 다른 부품이나 장치에 무리가 가지 않는 것과도 같은 이치다. 인격체인 사원을 기계의 부속품과 비교하는 것은 기분 상할 일만은 아니다. 너무 비정하고 야박한 것 같지만 이것이 적자생존이라는 냉엄한 경쟁 원리인 것이다.

회사에서도 과거와 같은 단순반복형 업무는 거의 사라지고, 어떠한 분야에서든 창의성이 절실히 요구되고 있다. 새로운 제품을 생산하고 판매 전략을 수립하고 이익을 창출하는 것은 집단적 창작행위로 구성원 모두의 창의력이 필요하다. 이러한 창작행위에서 창의력이란 곧 생명과도 같다고 볼 수 있는 것이다.

인간에게서 가장 중요한 능력 중의 하나는 바로 창의력이다. 우리는 과거에 대체로 창의력 개발에 소홀했다. 암기식 위주의 교육이 그러했고, 규정 위주의 업무 처리가 또한 그러했다. 창의력은 유연한 사고와 적극적 노력으로 길러지는 것이라고 본다. 수동적이고 나태한 사고방식으로 자기계발에 적극적인 노력을 기울이지 않고 과거 방식을 답습하면 시대에 뒤떨어지는 것은 자명한 일이다.

이제부터라도 우리 모두는 모든 현상과 사물을 창의적인 시각으로 관찰할 수 있는 자세를 가져야 한다. 기업에서도 제안제도 등을 활성화해 사원들의 창의력 계발 의욕을 고취시켜 나가는 데 많은 투자와 관심을 기울여 지식경영을 실천해야 한다. 정부도 정책을 개발할 때 국민들의 참신한 아이디어를 적극적으로 활용해야 한다. 기업에서든 국가에서든 좋은 아이디어 하나가 엄청난 경제적 이익이나 예산 절감 효과를 거둘 수도 있는 것이다.

나는 우리 아이들이 점수의 노예가 되어 암기의 귀재가 되는 것을 원치 않는다. 남다른 끼를 사랑한다. 번뜩이는 생각을 이야기하면 칭찬을 아끼지 않는다. 나도 가끔 일상행활 속에서 몽상가가 되어 많은 생각을 해 본다. 언젠가는 단순한 아이디어 하나가 엄청난 성공으로 이어질 수도 있으니까…(한빛일보, 2001. 11. 8.).

수레바퀴 밑에서

얼마 전 수능시험이 끝났다. 지난해보다 시험이 무척 어렵게 출제되어 수험생들과 학부형 그리고 일선 학교의 선생님들을 무척 힘들게 하고 있다는 뉴스가 계속 보도되었다. 수능시험의 난이도가 해마다 크게 바뀌어 시험을 준비하는 사람들은 무척 혼란스러울 수 밖에 없으리라 짐작된다. 그러나 시험의 난이도가 아무리 합리적으로 조정된다고 하더라도 항상 비판적인 의견은 잠재울 수 없을 것이다. 그래서 수능시험의 난이도와 변별력에 관심을 갖기보다는 '우리의 교육이 학생들에게 희망과 사회 적응력을 얼마나 많이 전수해주고 있는가' 하는 점을 살펴봐야 한다고 생각한다.

지난 시간에 나는 앞으로 펼쳐질 무한 경쟁의 시대에서는 창의력이야말로 강한 경쟁력이 된다는 사실을 강조했었다. 이러한 창의력은 개방적이고 자유로운 공간 속에서 독창적이고 폭

넓은 사고를 통해서 길러진다. 그러나 우리의 교육 현실은 어떠한가? 두꺼운 문제집 몇 권은 풀어내야 하고 시간은 한정되어 있어 빡빡한 시간표로 인해 시간에 쫓겨야만 한다. 이러한 생활이 반복되는 가운데 학생들의 사고는 획일적으로 변해갈 수 밖에 없을 것이다.

비록 막연하다고 할 수 있지만, 학생들은 모두 가슴에 꿈을 품고 있다. 그 꿈을 현실화할 수 있는 방법은 많지만 학생들은 이를 잘 알지 못한다. 때론 그 꿈이 너무 엉뚱해서 주변 사람들으로부터 괄시를 받을 수도 있다. 그러나 학교는 이러한 학생들의 꿈을 현실적으로 실현해 주는 통로가 되어야 한다. 예를 들어 119 소방대원이 되길 원하는 학생들에게는 가끔 소방서를 견학할 수 있는 기회를 제공하고, 소방대원이 되기 위한 구체적인 요건을 갖출 수 있는 과정을 경험할 수 있게 해주어야 한다. 그러한 목적을 위한 것이라면 학생은 분명히 학업에 매진할 것이다. 그러나 과연 입학한 직후 '너의 꿈이 무엇인가'라는 물음으로 시작하는 학교는 몇이나 될까?

더욱더 다양화되고 변화가 눈부신 현대사회에서 우리나라가 국가경쟁력을 갖추기 위해서는 교육을 통해 다양한 분야의 인재를 배출해야만 한다. 이러한 인재의 기준은 수능 점수만으로 만족될 수는 없다. 어떤 학생이 비록 대학 입시 성적이 저조하더라도 특정 분야에 대한 재능을 가지고 있다면 그 분야에서 발전할 수 있도록 해주는 유연한 제도가 마련되어야 한다.

지금은 많은 학생이 자신의 색깔과 목소리를 드러내고자 노력하고 있다. 그 다양함과 당당함 속에는 시대의 변화에 부합하는 그들 세대의 욕구가 반영되어 있다. 우리의 교육은 수많은 문제에 봉착하면서도 나름대로의 전통과 지향점을 유지해왔으며, 선생님들의 끊임없는 노력과 헌신 속에서 발전해왔다. 그러나 이제 소비자들의 욕구가 크게 변화했음을 간과할 수 없고, 과거의 전통과 새로운 변화의 욕구를 어떻게 조화시킬 것인가 하는 점이 새로운 도전 과제다.

젊은 시절에 읽었던 헤르만 헤세의『수레바퀴 밑에서』가 떠오른다. 항상 복종하고 착실하던 우등생 한스가 억압적이고 권위적인 교육제도의 바퀴에 깔리고, 결국 현실에서조차 적응하지 못하여 자살에 이르게 되는 아찔한 상황이 어느덧 두 아이의 아빠가 된 지금의 나를 사뭇 안타깝게 한다(한빛일보, 2001. 11. 29.).

여유와 질서

    교육의 도시, 조용한 도시, 깨끗한 도시 청주로 발령을 받고 설레는 마음으로 내려온 지 벌써 반 년이 지났다. 내 고향이 대전이라서 청주는 내 삶과 동떨어진 도시라는 생각을 해보지 않았고, 서울에서 오래 생활하면서 가끔 대전에 갈 때마다 고속버스 창밖으로 이웃도시 청주를 한참 바라보곤 했다. 청주에서 생활한 지 일 년도 채 안 되는 나에겐 청주(淸州)라는 이름에 손색이 없을 만큼 훈훈하고 맑은 인심이 참 인상적이며 함께 어우러지고 싶어지는 이유가 되었다. 이제 나도 청주인이라 불리우고 싶을 정도이다.

    그래서 청주를 발전시킬 수 있는 것이 무엇인지 고민하며 살고 있으며, 거리를 거닐 때면 이 멋진 도시에서 무엇이 좀 더 개선되어야 하는지를 생각한다.

1960년대 이후 추진되었던 경제개발 지상주의의 급류를 타고 청주도 많이 발전해왔다. 현재는 청주공단과 오창과학단지를 중심으로 점점 더 새로운 모습의 산업화 도시로 발전해가고 있다. 이러한 과정 속에서 우리가 잃어온 것은 '여유'와 '질서'가 아닌가 싶다. 어쩌면 현대사회의 발전 속에서 빚어지는 당연한 결과일 수도 있겠지만.

청주시내 곳곳을 가보면 수많은 차량이 불법으로 주정차되어 있고, 특히 이면도로에는 불법주차로 인해 차가 오도가도 못하는 경우도 있다. 또한, 교통 신호가 바뀌어도 꼬리를 물고 가는 차량 때문에 출발하지 못하는 경우가 많이 있었다. 버스를 기다리는 사람이나 파란불을 기다리는 보행자들도 위험한 도로로 한 걸음 내려가 사고의 위험을 더욱 높이고 있다.

교통과 통신의 발달로 우리 삶 속에서의 여유는 점점더 사라져 가는 듯 하다. 백 리 길을 걸어다니던 시절에는 주변의 경관을 즐기며 주유(周遊)하였으나 자동차가 교통의 수단이 된 이후에는 '주마간산(走馬看山)'이라는 말도 무색하게 되었다. 오늘날 비행기가 자연스러운 이동수단으로 자리 잡은 뒤부터는 우린 무엇이든 빠른 것을 원했고, 허용되는 시간의 오차도 점점 줄어들어서, 이제 10분 이상 늦으면 자신의 신용까지 의심받는다.

우리는 어쩌면 산업 발달 과정에서 신속한 것을 추구하는 경향에만 빠져 온 것이 아닌가 싶다. 바쁜 일상 속에서의 여유

를 찾아가는 조화로운 삶을 만들어갈 순 없을까? 이러한 여유
가 없이는 결코 질서가 확립될 수 없다고 본다. 따라서 결국 청
주시민들의 마음속에 여유가 조금이라도 더 자리 잡아야만 어
지러운 교통 문제가 신속하게 해결될 수 있으리라고 생각한다.

오늘도 우리는 숨가쁘게 걷고 있다. 출근 시간이 다 되었기
때문이다. 자, 잠시 하늘을 보자. 맑고 푸른 하늘과 사랑하는 가
족의 얼굴도 떠올려보자. 마음에 자그마한 여유라도 생겨나지
않는가? 운전 중에 노란불이 들어오면 일단 정지하고, 파란불
이 깜빡거리는 횡단보도에서는 다음 신호를 기다리는 습관을
길러보자. 주차할 때도 조금만 더 걸으면 안전한 주차장을 찾을
수 있다. 길거리 모퉁이에 차를 세울 때, 운동 삼아 조금 더 걸어
보자는 마음을 가져보자.

선진국 대열에 들어간다고 우리가 자부하던 시절이 있었는
데 벌써 10여 년이 지났다. 그럼에도 우리의 질서 수준은 선진국
의 개념과는 거리가 멀다는 사실도 그 기간만큼 인지해왔다. 이
제는 바꾸어야 한다. 나는 거리를 걸을 때마다 이 생각을 한다.

그리고 나는 믿는다. 교육의 도시, 깨끗한 도시, 인심이 넘쳐
나는 전통을 가진 청주는 우리나라에서 가장 먼저 자연스러운
질서의식을 형성해갈 것이라고(한빛일보, 2001. 10. 25.).

지(知)와 사랑

얼마 전 미국이 본토 테러에 대한 보복조치로 아프가니스
탄에 대한 공습을 시작했다는 보도가 언론을 통해 반복적으로
흘러나왔다. 언론의 유사 현실 속에서 앞으로 전쟁이 어떻게 진
행될 것이고, 국제 여론은 어느 쪽으로 기울어질 것인가에 대해
관심을 보이는 가운데, 일부 호사가들의 입을 통해 귀가 솔깃해
지는 음모설도 등장하고 있다. 아무튼 나는 미국의 세계 최첨단
과학의 결정체가 전술적인 살상 무기로 사용되는 이번 전쟁을
지켜보면서, 위대한 과학자 노벨의 예언적이고 경고 섞인 우려
가 불행히도 현실로 나타나고 있다는 느낌을 떨칠 수 없다. "철
학이 없는 과학은 기술에 지나지 않는다."

저 유명한 영국의 경험주의자 베이컨이 했던, "아는 것이 힘
이다."라는 격언은, 18세기 영국의 산업혁명에서 본격화되어 현
대에 이르기까지 인류 문명의 발전의 축을 돌려놓은 힘이 지식

에 있다는 것을 역사적으로 강조하고 있다. 그러나 앨빈 토플러 박사는 자신의 저서인 『전쟁과 반전쟁(War and Anti-war)』에서 지식의 발전이 수위에 오른 현대사회에서는 우리가 사용하는 라디오와 같은 시시한 가전제품조차도 목적에 따라서는 테러 무기가 될 수 있음을 경고하였다. 그리스 신화 속의 이카루스의 비행 욕망에서 시작되어 레오나르도 다빈치를 거쳐 라이트형제에 이르러서야 비로소 인류에게 새로운 희망과 비전을 안겨준 비행기가 테러 수단이 되어버린 오늘의 현실은 지식과 사랑의 조화를 더욱 절실히 요구하고 있다.

중세 유럽에서 치명적인 전염병인 페스트가 만연했을 때 주교를 중심으로 모든 주민이 예배당에 모여 신께 기도를 올렸다. 그 결과가 어떠했겠는가? 이는 사랑이 충만되어 있으나 지식이 없는 경우였다. 또한 1, 2차 세계대전을 보라. 기관총, 탱크, 비행기 등이 동원되어 이전의 어떠한 전쟁에서도 볼 수 없는 대량살상이 벌어졌다. 이는 과학이 주체할 수 있을 정도로 발전하는 과정에서 사랑의 부재로 인해 발생한 것이다. 결국 지식과 사랑은 함께 조화를 이루어야 진정한 인류 발전의 의미를 가질 수 있는 것이다. 그러나 이러한 조화로운 순간은 인류 역사 속에서 얼마나 존재했을까? 어쩌면 이번 전쟁 역시 우리 인류의 역사 위에 불행한 역사의 한 장을 다시 기록해가는 것은 아닌가 싶다.

텔레비전을 통해 한 어린 이슬람교도의 뜻있는 말을 들었다. "마호메트께서는 무고한 사람을 해치는 이는 진정한 무슬림이 아니라고 하셨습니다." 우리가 성인으로 숭배하는 모든 존재는 서로를 사랑하거나 어진 마음으로 아끼며 살아가라고 가르치셨다. 그러나 이 큰 가르침을 놓고 인간들은 서로 오해와 분쟁을 발생시켰다. 달을 가리키는데 달은 보지 않고 손가락을 바라보는 격이었다. 지금까지 종교, 인종, 이데올로기 등을 위해 얼마나 많은 생명이 스러져갔는가? 안정효 선생은 '하얀전쟁'에서 세상에 이렇게 묻고 있다. "우리는 무엇을 위해 싸우고 있는가?"

아직도 우리는 이러한 물음에 대답할 준비가 되어 있지 않은 듯하다. 아니, 어쩌면 무감각해져 있는 것일지도 모른다. 첨단과학이 뉴밀레니엄의 시대의 구원의 횃불인 양, 2000년 1월 1일 새벽 우리 모두는 기대와 희망에 들떠 축제를 벌였다. 이제 암도 치유되고 태양계를 여행하는 우주선 표를 구할 준비를 해야 할 것 같았다. 그러나 지구 반대편에서는 태어난 지 백일도 채 안 된 갓난아이들이 굶어 죽어 갔다. 그리고 얼마 후부터 첨단의 이름을 내건 회사들의 주가가 처절하게 폭락했다.

인류의 지식사는 더욱 찬란한 시대를 열어갈 것이다. 그러나 이러한 지식사회의 발전의 본질과 목적이 어디에 있는지 생각해보아야 한다. 인류의 평화와 영존을 위해 사용되어야 할 과학이 도리어 인류의 생존을 위협해서는 안 되기 때문이다.

아직도 이 세상의 많은 사람은 사랑의 본질과 가치를 숭배하며 살아가고 있다고 믿는다. 보다 완벽하게 글로벌화되어가

는 이 세상이 지(知)와 사랑으로 하나가 되는 그 순간이 역사에

장식되었으면 좋겠다(한빛일보, 2001. 10. 18.).

고객은 감동받기를 원한다

우리는 항상 서비스와 함께한다. 우리는 서비스를 주기도 하고 받기도 한다. 작은 구멍가게에서부터 호텔, 항공기, 금융기관, 식당 등은 물론이고 심지어는 지방자치제의 동사무소에 이르기까지 서비스가 중요한 하나의 일이 되고 있다.

독과점 체제가 아닌 자유경쟁체제하에서 최고의 품질이 서비스라는 것은 누구나 다 알고 있는 사실이다. 그러나 서비스는 그 어느 것 하나라도 주인이나 사장, 관청의장의 의지나 노력으로 되는 것은 아니다. 종업원들의 몸과 마음에 서비스가 체질화되어야 하고 그런 서비스가 살아 있는 곳은 예외없이 고객들로 호황을 누리게 된다.

한 예로 주유소를 들어보겠다. 예전과 달리 기름만 넣어도 무료로 세차를 해주고 티슈도 주고 떠날 때는 종업원들이 90도로 인사를 함으로써 감동받은 고객은 그 주유소를 자주 이용하게 된다.

언젠가는 이동 중에 내가 자주 애용하는 주유소에서 멀리 떨어진 곳에서 기름이 없다는 자동차 경고등이 들어와서 근처의 상호가 같은 주유소에 간 적이 있다. 휘발유를 가득 채우고 자동세차를 하려니까 현금 이천 원을 내라고 한다. 왜 무료로 안 되는지를 물어보니 왁스로 닦아 준다고 하기에 미심쩍었지만 믿기로 했다. 그러나 막상 세차장에 들어서니 단골 주유소 자동세차기의 1/2도 안 되는 세차기였고 자동차를 운반하면서 세차하는 것이 아니라 세차기가 왔다갔다 하는 이동식 세차였다. 아직 제대로 닦지 않은 것 같은데 바로 다 되었다고 한 것은 물론 세차장에서 나오니 아르바이트생들로 보이는 젊은 남녀 2명씩 양쪽에서 물기를 닦는데 남녀가 장난 치는 건지 일하는 건지… 주인이라면 당장 해고하고 싶다는 생각까지 들었다.

또 한번은 아내의 생일을 멋지게 축하해주고 싶어 직원들에게 조언을 받아 유명한 레스토랑에 간 적이 있다. 그곳은 해질 무렵 석양을 보는 게 아주 멋있다고 하여 자주 지나다가 보던 곳이라 2층에 올라가서 석양이 잘 보이는 식탁 앞에 앉았다. 그런데 웨이터가 오더니 그쪽은 에어컨이 고장 났다며 다른 곳을 안내했는데 밖은 농사짓는 밭이었는데 가로막혀 있어서 무척 답답했다. 아내를 기쁘게 해줄 수 있는 자리가 아닌 것 같아 좀 더워도 아까 그 자리가 좀 더 나은 것 같아 다시 자리를 옮겼다.

식사에 곁들여 포도주 한 병을 시켜 축배를 들면서도 운전

때문에 조금 분위기만 살리고 집에서 마시기로 하고 코르크 마개를 막았는데 나중에 마개를 여는 것이 걱정되었다. 다른 웨이터에게 부탁하였더니 바로 주었으나 녹이 너무 쓸어 다른 것으로 바꾸어 주겠다고 하면서 기다리라고 했다. 우리는 종업원 일손도 부족한 것 같고 무엇보다 더워서 자리를 일어설 수밖에 없었다.

게다가 아래층에 내려와 계산을 하면서 카운터 아가씨가 볼펜을 주어 카드 영수증에 서명을 하고 보니 서명체가 빨간색이 아닌가! 슬며시 화가 났지만 다시 서명을 하면서 카운터 아가씨가 미안해 하길래 "아가씨, 미안하면 부탁 하나 할게. 1회용 포도주 병따개 하나 주면 안 될까?"라고 말했다. 옆에 있는 언니 되는 분이 퉁명스러운 말투로 사오는 것이기 때문에 안 된다고 거절하였다.

하도 무안해서 고개만 끄덕이고 밖에 나와서 생각해 보았다. '그 병따개는 포도주 회사에서 주는 증정품이고 구입한다 하더라도 1회용이기 때문에 그리 비싸지 않을 텐데…' 하고 아쉬워하는 한편, 녹슨 병따개라도 갖다주신 웨이터 아저씨에게 고마움을 느꼈다.

또한 '두 사람이 한 끼 6만 원 정도의 식사를 하였다면 서민으로서 꽤 큰 지출을 한 것인데… 유명한 이 레스토랑도 나에게는 안 맞나 보다'라고 생각했다. 저의 기대가 컸던 것이 잘못된 생각이라면 하는 수 없지만….

적어도 한국투자신탁 청주지점에서는 "고객은 여왕이다"라는 문구를 본인들의 명패 뒤에 붙여 놓고 고객을 맞이한다. 여왕은 힘을 상징하는 왕보다 섬세하고 까다롭고, 우아하기 때문이다(한빛일보, 2001. 8. 30.).

기초질서도 국가 경쟁력

청주시에서는 범시민 준법 질서 풍토를 조성하기 위하여 2000년 7월 전국에서 처음으로 '준법의 도시 청주' 선포식을 열고 기초질서 지키기 운동을 펼치고 있다. 이 운동이 법과 질서가 확립된 사회를 이룩해 누구나 동등하게 존중받고 안정 속에서 평화로운 삶을 누리는 복지국가의 초석이 되기를 기대해 본다. 그러나 남을 탓하기에 앞서 '나부터 기초질서 지키기에 동참한다'는 전향적인 자세 없이는 성과를 기대하기 힘들다. 특히 사회 지도층부터 솔선수범하는 자세를 보여야 한다.

우리 사회는 고도의 경제성장을 추구하면서 과정을 무시하고 결과만을 중시하는 잘못된 사고가 회사는 물론 사회의 모든 분야에서 기초질서를 무시하는 행동으로 나타나고 있다. 기초질서가 엉망이면 그 사회나 국가는 희망이 없다. 원칙과 질서가 무시되고 편법과 불법이 판치는 사회는 사상누각에 불과하기 때문이다.

한국인들에게는 깨끗한 나라, 동남아 선진국으로 잘 알려져 있으며 IMF 외환위기 이전에 관광지로 많이 찾던 싱가포르는 기초질서가 잘 지켜지는 나라로 명성이 높다. 세계적으로 유명한 벌칙제도와 시민들을 대상으로 한 질서의식 고취운동이 깨끗한 '가든시티'를 유지하는 비결이다. 한때 마약과 매춘의 소굴로 버려진 무질서한 항구 도시의 질서를 바로잡고 가난으로부터 건져낸 것은 이광요 수상의 솔선수범하는 리더십에 기인한다. 또한, 정부와 관료들이 보여준 청렴성, 법의 엄정한 집행 등이 국민으로 하여금 신뢰와 존경심을 갖게 만들었다.

싱가포르는 법이 엄격한 만큼 법 집행 또한 엄중하며 누구에게나 평등하다. 질서를 유지하기 위해 눈에 띄게 단속하지는 않지만 적발되면 예외없이 처벌한다. 이같은 벌칙제도와 더불어 매년 정부 주도로 '국가예절 캠페인'이라는 질서의식 고취를 위한 대중운동을 전개하고 있다. 이런 양면 정책을 통해 기초질서가 확립되어 자동차 경적을 울리는 사람이나 불법 주차, 난폭 운전자를 찾아보기 힘들다. 거리는 무척 깨끗해 감히 쓰레기를 버리고 싶은 생각을 할 수 없을 정도다.

싱가포르에는 매년 약 150만 명의 관광객이 찾아가고 있다. 실제로 가본 사람은 잘 알겠지만, 그곳은 우리에 비해 열악한 관광자원을 보유하고 있다. 그럼에도 불구하고 아시아 및 세계 각국으로부터 수많은 관광객이 모여드는 것은 질서정연한 도시의 아름다움과 국민들의 친절에서 비롯된다.

기초질서도 국가 경쟁력이 된다는 것은 보여주는 것이다. "한국은 이제 두 번 다시 오고 싶지 않습니다"라고 말한 어느 외국인의 방문 소감은 우리 모두가 반성해야 할 대목이다. 우리의 고객을 우리 손으로 쫓아내고 있는 것이 아닌가. 이제라도 우리 사회에 만연된 '법을 지키면 손해를 본다'는 그릇된 법의식을 지양하고 질서의식을 함양함으로써 '세계 속의 문화도시'로 발돋움하고자 하는 청주의 시민운동에 참여할 수 있다는 것에 자긍심을 느낀다.

문화시민은 태어나는 것이 아니다. 모두의 노력에 의해 만들어 가는 것이다. 천 년 전 작은 씨앗에 불과했던 중앙공원 은행 나무의 숨은 잠재력을 지닌 청주시민의 노력이 커다란 결실로 이어지길 기원해 본다(한빛일보, 2001. 11. 15.).

낙엽 따라 가버린 욕심

　어둠이 막 걷히기 시작하는 이른 새벽에 안개 낀 청주 가로수길은 이제 막 시작되는 겨울의 한 장면을 영화의 한 컷(cut)처럼 계절의 스크린에 담아내고 있다. 드라마 '모래시계'의 촬영 장소인 이 가로수길에 들어서면, 나는 운전석의 유리창을 내리고 시원한 바람에 마음을 열어본다. 아스팔트 위로 안개를 타고 날리는 낙엽이 차가운 한겨울 하늘을 덮는 눈송이마냥 바쁜 차량의 신음소리를 따라 허공을 허우적거리고 있다.

　빠듯한 출근 시간에 때문에 새벽 일찍 출근한 날이면, 난 언제나 이 삶의 가로수길에서 잠시나마 여유와 안식을 찾곤 한다. 그 푸르던 꿈이 이제 누런 추억으로 떨어져도 저 가로수들은 아무런 미련 없이 하늘을 바라보고 있다. 무엇이든 내 것으로 만들어보고자 기를 쓰는 우리 인간의 욕심은 어디서도 찾아볼 수 없다. 좀 더 시간이 지난 후 내가 이 길을 다시 달려올 때면, 한두 잎 달려 있는 그 잎마저 '툭' 하니 바람에 날려올 것이다. 그러나 줄지어 늘어선 앙상한 가지들의 무덤덤한 그 모습에는 내년의 푸름을 잉태하는 잠재된 생명과 순리에 순응하고자 하는 절제된 철학이 담겨져 있으리라.

　나는 삶이 가로수길의 생명력과 철학으로 뿌리내리고 뻗어오르길 바란다. 왕성한 생명력을 지닌 뿌리로 거센 태풍과 홍수에도 쓰러지지 않고 가뭄에도 영양분을 빨아올릴 수 있으며, 명철한 철학으로 하늘을 향해 곧은 모습으로 자라나는 삶을 영위하길 바란다.

　그 줄기에서 갈라져 나온 가지마다 인생사에서 생겨나는 희(喜), 노(怒), 애(哀), 낙(樂), 오(惡), 욕(慾), 애(愛)의 다양한 감정들이 움트고, 푸른 잎이 되었다가 가을이면 다시 떨어지는 변화하는 삶을 살아가고 싶다. 그 잎들이 하나하나 햇볕을 받아 생성하는 영원한 호흡의 에너지로, 움직이지 않으면서도 다채로운 변화를 일구어 내는 정중동(靜中動)의 삶을 그 가로수길가에서 나는 발견하고 있다. 한 겨울이 되어 앙상한 줄기와 가지만 남아도 나무는 존재의 의미를 풍성하게 드러내리라.

　너무도 빠르게 변화하는 현대사회는 내가 변해야 한다는 화두를 던지고는 아무 말 없이 지켜보고 있다. 변화! 변화! 이러한 상황 속에서 어떻게라는 해답을 찾고자 밤잠을 설치며 고민을 거듭하기도 하지만, 언제나 세상은 나보다 빨랐다. 가로수들은 내게 이렇게 말하고 있다. "떨어지는 낙엽을 슬퍼하지 마라. 그대의 뿌리와 줄기가 새로운 생명을 잉태하리라. 잉태하리라." 귓가에 맴도는 가로수길의 그 바람소리에 나는 덩그러니 떨어진 나뭇잎 하나를 손에 쥐고 마냥 안타까워하는 내 안의 나를 발견한다. 내 삶의 모든 변화를 창조하는 뿌리와 그 길을 정하는 줄기를 보지 못하고 작은 잎새 하나에 흔들리는 모습이었다.

새로운 변화를 창조하기 위해서는 삶의 왕성한 생명력으로 이 사회에 뿌리내리고, 굳은 철학으로 의지를 세워야 한다는 생각이 든다. 단순한 욕심 때문에 서두르고 겉을 바꾸기보다는 내 삶을 강한 뿌리와 줄기로 키워가면서 변화무쌍한 계절의 신비를 창조해야 한다는 가로수길의 교훈을 깨닫는다. 형식과 본질이 함께 어우러지는 가로수길 그 안에서는 세상과 나무가 하나가 되는 조화를 발견할 수 있다.

무엇인가 잡으려 하는 그 마음 자체가 나쁜 것은 아니리라. 다만 계절이 지나면 떨어지고 마는 그 감정에 사로잡히는 줄기 없는 삶이 문제였다. 이제 나는 변화하기 위해 한 잎 떨어지는 잎새를 움켜쥐기보다는 바람에 떨어지는 그 잎새를 보면서 새로운 봄을 노래해야겠다. 끊임없이 변화해온 그 역사 속에서 가로수길 그 변화의 생명력과 굳은 철학으로 뿌리내리고 뻗어 올라야겠다.

어느덧 가로수길을 다 지나고 있다. 버스를 기다리는 많은 사람과 신호를 기다리는 많은 차량이 눈에 보인다. 가로수 그 길 너머로 태양은 꿈틀대는 생명력을 뿌려주고 있다(한빛일보, 2001. 11. 29.).

화
촌
의
열
정

마음과 바이러스

바이러스! 언제부턴가 이 말은 우리 생활 속에서 그리 낯설지 않은 단어 가 되었다. 심지어 어린 아이에서 할아버지, 할머니에 이르기까지 '바이러스'라고 하면, 그 사전적 의미는 이해하지 못해도 컴퓨터를 연상하게 될 만큼 시대의 유행어로 자리잡게 되었다.

컴퓨터를 좀 사용해본 사람이면, 바이러스의 위험을 잘 알 것이다. 저장된 데이터를 파괴하고, 하드웨어까지 고장을 일으켜 결국 시스템 전체를 마비시켜버리기 때문에, 컴퓨터가 생활화되어가는 현대인에게는 바이러스란 또 다른 의미의 테러라고도 볼 수 있을 것이다. 게다가 인터넷의 발달로 전 세계가 하나의 네트워크로 연결되는 상황에선 바이러스는 전 세계를 대상으로 한 테러리즘의 유형으로 볼 수밖에는 없다.

생물학적 바이러스와 컴퓨터 바이러스는 정상적인 것을 파괴하고 비정상적인 체제로 바꾸어간다는 점에서 그 공통점을 찾을 수 있다. 또한 일단 감염된 후에는 치료하기가 어렵다는 점도 같다. 따라서 예방이 무엇보다도 중요하다고 할 수 있다.

　　최근 세상을 시끄럽게 하고 있는 탄저균 테러나, 전 세계 네티즌을 떨게 했던 수많은 바이러스의 출현은 우리의 현실과 가상공간에서의 생활을 모두 위협하는 사건이 아닐 수 없다. 사실은 바이러스 자체가 문제라기보다는 바이러스를 악용하는 인간이 문제다. 그 사람들이야말로 진정한 바이러스요, 암적 존재다. 사용하기에 따라서 바이러스도 인간의 구세주가 될 수도 있다. 영화 '화성 침공'이나 '인디펜던스데이'를 보면, 전자는 생물학적 바이러스를 이용해서, 후자는 컴퓨터 바이러스를 이용해서 외계인을 무찌르고 있다. 그 악성 인플루엔자가 지구를 구원한 것이다.

　　1970년도에 전 세계는 생화학무기를 더 이상 생산하지 않기로 결의했으나 그 후에도 생화학무기는 지속적으로 제조되었고, 현재까지도 인류의 미래를 위협하고 있다. 이라크의 쿠웨이트 침공도 바이러스였고, 유너바머 역시 바이러스였다. KAL기 폭파 사건이나 아웅산 폭파 사건도 바이러스에 감염된 사건이었다. 규모를 좁혀보면, 음주운전도 바이러스인 것이다.

　　바이러스를 퇴치하기 위해서 백신을 사용하는 방법도 있지만, 그보다는 위에서 언급했듯이, 바이러스에 감염될 수 있는 환경에 노출되지 않도록 하는 것이 무엇보다도 중요하다. 따라서 세계의 질서와 윤리를 올바르게 정립하여, 테러리즘이 더는 커뮤니케이션의 수단이 될 수 없도록 국제사회의 공감대를 형성하여야 한다. 또한 건전한 교통질서를 확립하기 위해 자신을 통제하여 바이러스로 둔갑하지 않도록 해주는 사회적 규율과 양심이 필요하다.

어쩌면 우리는 자신과 다르고, 납득할 수 없는 대상을 무작정 바이러스와 같은 존재라고 생각할 수도 있다. 그리고 그에게 백신을 한 방 놔줘야 한다고 생각할 수도 있다. 하지만 독단적인 이러한 사고야말로 바이러스적 발상이라 할 수 있다. 게다가 그 사고는 복제되는 속도가 무척 빠르다. 진정 무서운 것은 우리 마음속의 바이러스일 수도 있다.

어차피 인간은 서로 접촉하면서 살 수밖에 없다. 인터넷 상에서는 접속을 통해서 살아간다. 이러한 접촉과 접속 속에서 우리는 서로를 먼저 생각하는 마음으로 먼저 예방접종을 하고 바이러스가 확산되지 않도록 주의해야 한다. 이러한 마음이야말로 깨끗한 세상을 만들어가는 진정한 백신의 의미일 것이다 (한빛일보, 2001. 11. 1.).

문화유산과 지역문화

요즘 화제의 중심에 있는 아프가니스탄에는 세계 최대의 입불 2기가 있었다. 실크로드에 자리한 이곳에서 올해 초 세계 7대 불가사의 가운데 하나이며 인류 문화재로 꼽히던 버미얀 대불이 종교적이기에 따른 회교원리주의 탈레반에 의해 파괴되었다. 당시 아프가니스탄 탈레반 군사정권이 국제여론을 무시한 채 불상 파괴를 강행하자 이슬람 국가를 포함해 각국 정부는 일제히 텔레반의 비이성적 행위를 규탄하며 문화유산 파괴 행위의 중단을 촉구했었다.

또한 얼마 전에는 중국에 있는 소중한 우리의 문화 유산인 고구려시대의 벽화가 도굴범들에 의해 무자비하게 잘려나간 가슴 아픈 일이 있었다. 국내에 소재한 문화유산이 아니라고 방관한 결과라고 생각하니 국민의 한 사람으로서 부끄럽기 짝이 없다. 이런 의미 있는 문화 유산들이 절도, 도굴 그리고 파괴에 무방비로 당할 수밖에 없다는 사실에 참으로 가슴이 아프고 다시 한번 문화유산의 보존에 대해 생각해 본다.

사실 그동안 우리는 '현대화 신화'에 길들여진 개발드라이브 정책으로 인해 '거추장스러운' 문화유산 보존과 홍보 따위는 제 목소리를 내기 어려웠으며, 세계화와 산업화, 현대화로 무장한 개발론에 의해 인간과 자연, 그리고 유형, 무형의 문화유산 보존은 등한시되어 왔다. 그러나 '이런 무관 심이 우리의 의미 있는 문화유산이 도굴되는 지금이라고 예외일 수 있을까?'라고 자문해 본다.

2001년은 문화관광부가 정한 '지역문화의 해'다. 그러나 많은 지역의 행사가 ○○아가씨 선발대회, 백일장, 경품 행사 등과 같이 이벤트성 행사에 그치고 문화유산의 가치에 대한 이해와 홍보는 뒷전인 것이 현실이다. 이런 역사 불명의 지역문화 행사는 천편일률적이고 일시적이어서 결코 문화적인 영속성을 이어가기 어렵다. 물론 일부 지자체에서는 지역문화 행사를 하면서 문화적 전통의 토대를 훌륭하게 지키는데, 이런 곳들의 대부분은 문화유산을 지키는 시민들의 조직력과 자발적인 참여가 밑바탕이 되고 있다. 하지만 이렇게 지역문화가 살아있는 곳이 몇 군데나 될지 자못 의심스럽다.

우리 청주 시민들은 지역문화를 이야기할 때 흥덕사지를 말하고 '직지'를 빼놓지 않는다. 관심이 있고 또 홍보 사절로서의 역할도 할 수 있을 정도의 지식이 있다는 의미일 것이다.

얼마 전에 청주 시민의 일원으로서 '직지의 날' 행사에 참여하면서 상당한 보람과 자부심을 느낀 적이 있다. 많은 시민, 국민들이 '직지'의 역사성, 문화적 가치 등을 제대로 이해하지 못하고 있는 가운데 이곳에서 연속적으로 이어지는 '직지찾기 운동', '청주국제공예비엔날레', '직지걷기대회', '흥덕사지 복원' 등의 지역문화 행사 등은 우리의 훌륭한 자랑거리가 아닐 수 없다. 이런 문화적 정체성과 독창성의 보존에는 시민과 민간 영역이 반드시 참여해야 한다.

과거 영국에서는 '내셔널 트러스'라고 하는 운동이 전개되었는데, 지역별 내셔널트러스트 운동은 시민들이 자발적인 모금이나 기부를 통해 보존 가치가 있는 당해 지역의 자연자원이나 유무형의 문화, 역사 유물 등을 사서 영구 보존하는 것으로서 시민들의 공감대 형성을 통한 공유, 참여, 보존의 중요성을 뜻한다 하겠다. 청주에서도 이런 정도로 참여하는 기회가 있을까?

혹자는 21세기는 문화가 지배하는 시대라고 주장한다. 오늘날 우리를 지배하는 문명관은 지난 세기에 서구식으로 교육받고 길들여져 온 결과물이다. 이제 '개발인가 보존인가'라는 해묵은 논란거리에 더는 집착해서는 안 된다. 경제와 이념의 논리가 지속된다 하더라도 우리 문화유산의 보존과 무형 지역문화의 계승은 또 다른 측면에서 창조되는 한편, 재생산의 장이 되어야 할 것이다. 마지막으로 지난 1999년에 이어 올해 두 번째로

열리고 있는 '청주국제공예비엔날레'가 많은 사람이 참여하는 뜻깊은 자리가 되길 바란다(한빛일보, 2001. 10. 11.).

자산전략가의 인생경영 노트

세계로 향한 직지, 시민걷기대회

　　지난 주 일요일 필자는 '직지는 세계로 세계는 청주로'라는 슬로건 아래 세계 최고(最古)의 금속활자본으로 14일 유네스코로부터 인증서를 받은 직지심체요절의 세계문화유산 등재를 축하하는 제1회 시민걷기 대회에 참가하게 되었다.

　　유네스코에서는 1992년부터 자연적 요인과 홍수 화재, 지진과 전쟁 등과 같은 사고로 훼손되거나 소멸되는 것으로부터 세계문화재를 보호하고 발전·촉진하기 위해 기록유산 사업을 펼치고 있다. 우리나라는 직지, 승정원일기, 훈민정음해례본, 조선왕조실록 등 모두 4점의 세계기록유산을 보유하고 있으며, 앞으로도 더 많은 한국의 문화유산이 등재될 것으로 보인다.

　　우리 청주의 금속활자본인 직지가 유네스코 세계기록 유산에 등재된 것은 우연한 일이 아니라 직지 찾기를 제안한 청주시의회 모 의원께서 각고의 노력을 기울인 데서 시작되었음을 언론을 통해 알 수 있었다. 무엇이든지 처음 시작하는 것이 중요하다고 생각한다. 시도하려는 마음을 먹었느냐, 안 먹었느냐, 될 것 같은가, 안 될 것 같은가. 이는 하고자 하는 믿음과 의욕이 있어야 하고 일단은 두드려 보는 것이 아무것도 안 하는 현재보다는 결과가 더 좋을 것이다. 이런 견지에서 직지 등재를 제안하고 행동으로 옮긴 분들께 감사드린다.

아울러 이에 대한 성원도 빼놓을 수 없는 성과다. 도지사, 시장, 인쇄박 물관장과 직원, 신청서 작성을 위해 밤낮으로 고생하신 교수, 시민회 회장, 언론 홍보의 주역인 지역 신문사, 방송국 등이다. 특히 문화방송이 제작한 '금속활자 그 위대한 발명' 프로그램은 2000년 방송위원회 대상(우수작품상)를 비롯하여 6개 부문에서 수상하였다.

무엇보다도 그 성원의 제일 큰 주역은 충청북도, 청주시 시민들이다. 독일의 쿠텐베르크보다 빠른 우리의 금속활자가 왜 세계에서 인정받지 못하는지 이해할 수 없으며, 이것도 국가들 간의 힘의 논리에 밀리는 것은 아닌가 하는 생각도 했었다. 대한민국 온 국민의 소망을 해결한 것은 우리 지역민들이 한마음으로 진력했고 그 결과가 우리 문화의 꽃을 세계에 피워낸 것이다.

직지 시민걷기대회에 많은 시민과 주요 인사들이 참석하여 직지 등재를 축하하고 기뻐하는 모습만 보아도 그렇고 직지를 전국에 홍보하기 위해 도보로 전국의 410km를 걸었던 경덕중

학교 김상관 군을 소개할 때는 더더욱 그러했다.

종교문화의 발전에 따른 중세기 금속활자 발명을 비교해 보면, 직지는 불조사들의 어록 중 중요 대목을 초록한 불교에 기반을 두어 1377년(고려 우왕 3년)에 만들었고 독일의 쿠텐베르크는 3년에 걸쳐 양피지에 완성되던 성경에 기반을 두어 1455년에 만들었다. 흥덕사에서 발간한 우리의 직지 금속활자 인쇄가 78년을 앞선 것이다.

이렇게 앞선 문화를 꽃피운 선인들의 노력이 헛되지 않도록 세계가 잘못 알고 있는 역사의 내용을 바르게 잡기 위해 혼연일체된 시민들의 관심과 노력이야말로 이번 영광의 주역이라 본다.

우리는 앞으로 더욱 노력하여 선인들의 업적을 잘 기리고 보전해야 한다. 현재 프랑스 파리의 국립도서관 동양문헌실에 보관되어 있는 직지를, 처음 발간했던 도시 청주로 찾아와 우리 청주시민이 관리하는 날이 빨리 왔으면 한다. 그리하여 조상님을 모시는 다음 추석 차례상에 우리의 문화유산을 찾아왔다고 고하며 감사의 절을 올릴 수 있었으면 좋겠다.

그리고 세계적으로 개최하는 인쇄문화 행사(독일의 마인츠시에서 개최하는 요하네스 쿠텐베르크 축제 행사)장소를 청주에서 직지인쇄문화 축제 행사로 바꾸어 경제적 이익도 얻도록 하면 더더욱 좋을 듯 싶다.

청주시는 오늘(20일)을 '직지의 날'로 선포하고 유네스코 한

국위원회로부터의 인증서 전달식과 각종 행사를 진행할 예정이

다. 이 행사에서 청주 시민의 한 사람으로서 프랑스가 강탈해간

직지를 꼭 청주로 가져오겠다고 외치고 싶다(한빛일보, 2001. 9. 20.).

IMF 외환위기 이후의
부동산 투자

부동산은 토지와 그 정착물을 통칭한다. 토지는 공간이자 자연물이며 생산 요소이기도 하다. 여기서 공간의 개념이 가장 중요하다. 단순히 지표만의 2차원적 공간이 아니라 지중과 공중을 포함한 3차원을 의미한다.

부동산에서 투자란 부동산을 소유하고 운영하는 모든 행위를 말한다. 부동산은 취득, 관리, 처분의 3단계로 이루어진다. 이 중에서 만약 관리가 수반되지 않는 것이 있다면 이는 투기로 보아야 할 것이며, 국가의 입장에서 보면 아무런 부가가치를 창출하지 못해 국가 경제에 전혀 도움이 되지 않는 것으로 간주되어 억제의 대상이 될 수밖에 없다.

지가 변동의 흐름을 살펴보면 다음과 같다. 1970~80년대 경제개발 초기에는 성장 일변도 정책하에서 국가 주도의 외채 자금이 유입되어 소수의 대기업에 집중되면서 이 자금의 상당 부분이 건전한 시설 투자보다는 부동산 투기자금으로 이용되어 폭발적인 지가 상승이 촉발되었다. 1990년대 들어서는 외채 유입이 본격화되었고 이 자본이 무분별한 사업 영역 확장에 중점적으로 투입되면서 지가가 하락하게 되었다.

또한, 주택 가격의 변동은 1960~70년대에 시작된 이농 현상으로 서울은 거대한 도시국가로 탈바꿈되고 이는 주택의 절대적 부족에 따른 주택 가격의 상승으로 이어졌다. 1980년대 후반 마이카붐은 도시 외곽을 급속하게 팽창시켰다가 1991년 이후의 신도시 개발로 인한 공급과잉과 정부의 토지공개념 정책은 주택 가격을 안정시켰다.

IMF 외환위기는 부동산 평가에 대한 개념을 바꾸어 놓았는데, IMF 외환 위기 전까지 부동산의 가치를 대상 부동산의 조달원가를 구하고 감가수정을 하여 가치를 결정(원가법)하거나, 주변의 비슷한 조건의 부동산과 비교(거래사례비교법)하여 결정하다가 IMF 외환위기 이후에는 미래 수익에 대한 현가를 따지는 방식(수익환원법)으로 바뀌게 되었다. 외국인은 부동산을 철저히 유동성 물건으로 간주하여 수익성에는 관심을 두지만 지가나 건물의 건축비에는 관심을 두지 않는다.

요즈음 경기침체로 장기적인 투자처를 찾지 못하고 떠도는 부동자금이 부동산시장으로 몰리고 있는 현상이 심심찮게 나타나고 있다. 부동산시장에 이처럼 돈이 몰리는 것은 실수요자

들뿐만 아니라 증시 침체와 저금리 때문에 마땅히 돈을 굴릴 데가 없는 큰손들이 단기차익 또는 금융비용보다 많은 이익이 창출될 때 투자하게 되는데, 청주에서는 그린상가주택의 원룸 투자를 많이 하고 있는 것으로 보인다. 그러나 수요와 공급의 법칙에 따라 공급 과대로 보이는 지금은 고점이 아닌가 생각된다.

또한 상가 투자의 경우는 경기 불황으로 공실이 많이 나오고 있으며 빈 '상가 임대', '상가 매각'이라고 쓰인 현수막을 시내 곳곳에서 볼 수 있어, 건물주의 아픔은 이루 말할 수 없을 것 같다. 그러므로 부동산투자는 조심스럽게 접근해야 하며, 투자가치 대 수익가치를 고려해야지 향후 지가 상승의 가치를 기대해서는 안 된다.

투기의 시대는 가고 이제 투자의 시대가 도래했다. IMF 외환위기 이후 '일단 사놓으면 오른다'는 부동산 신화는 철저히 무너졌으며 이제는 부동산 가격의 차별화 현상은 상식이 되었다. 그리고 부동산 경기는 단순히 국내 경기의 흐름뿐만 아니라 해외 경제의 향방에 큰 영향을 받고 있다. 따라서 거시경제 지표(금리, 환율, 통화량, 무역수지) 등 국내 경제 사정은 물론이고 외국의 경기, 금리, 유가 변동 등 해외 사정까지도 고려해서 투자해야 한다(동양일보, 2001. 10. 19.).

시가평가제도 시행 이후의
채권 투자

    채권은 정부, 공공기관, 특수법인과 주식회사가 일반투자자로부터 자금을 일시에 대량으로 조달하기 위하여 발행하는 유가증권으로서 일종의 차용증서를 말한다. 채권의 경우 발행자는 주식과 달리 수익의 발생 여부와 관계없이 이자를 지급하여야 하며 원리금의 상환 기간이 사전에 정해져 있는 기한부 증권이다.

    2000년 7월 1일 이후 시행되고 있는 채권시가평가제도는 투신사의 간접투자상품인 채권형펀드에 대한 인식을 전환하였다. 장부가평가시취득 가액에 발행이율에 의한 경과이자를 가산하여 평가함으로써 확정금리형 저축상품으로 알고 거래하던 고객들은 시가평가로 전환된 이후에는 매일 공시되는 개별 채권의 시장수익률대로 평가되는 실적배당형 투자상품으로의 변화를 경험하게 되었다.

장부가평가시대에는 금리 상승(하락)이 펀드 가격에 영향을 주지 않기 때문에 고객들은 상품별 제시 수익률에 따라 투자 결정을 하고 펀드매니저도 펀드의 단순수익률 관리 성격이 짙었으나 시가평가시대에는 펀드 운용 내용에 대한 성과가 투명하게 공시되며 펀드매니저의 운용 실적이 고객의 투자판단 기준이 되고 펀드매니저도 위험관리 등 운용기법의 선진화 및 책임 운용 체계를 확립하게 되었다.

채권을 보유함으로써 얻을 수 있는 수익에는 이자소득과 자본소득이 있다. 이자소득은 채권을 보유함으로써 발생하는 이자를 말하며, 자본소득은 채권 가격의 변동으로 인해 채권 매수가격보다 시장가격이 높을 때 발생하는 수익을 말한다.

채권투자에는 위험도 따르는데 이러한 위험은 크게 이자율위험(interest rate risk)과 채무불이행위험(default risk)으로 나누어볼 수 있다. 이자율위험은 이자율이 상승하여 채권 가격이 하락하는 것을 말하며, 채권을 만기까지 보유하고자 하는 투자자에게는 만기 이전의 채권 가격 변동이 중요하지 않다. 하지만 만기일 이전에 채권을 매각하고자 하는 투자자의 경우, 채권을 매입한 이후의 이자율 상승은 곧 투자 손실을 의미한다. 채무불이행위험은 투자자가 발행자로부터 채권에 명시되어 있는 원금 또는 이자를 전부 또는 일부를 받지 못하는 위험으로 정부가 발행하는 국채는 무위험자산으로 인식된다.

채권에 투자하려고 할 때에는 먼저 투자할 자금의 성격을 명확히 하고 투자 목표를 설정한 후 채권수익률을 분석·예측하여 설정된 목표에 따라 운용전략을 수립·실행해야 한다. 채권 투자의 일반적인 목표로는 유동성, 수익성, 안정성의 확보를 들 수 있는데 이러한 목표는 동시에 달성하기가 어렵다.

안정성 및 유동성 확보에 목표를 두는 경우 위험 부담이 작아지는 반면 수익성은 감소하고, 수익성 극대화에 목적을 두면 안정성 및 유동성이 감소됨과 동시에 위험 부담이 증대된다.

채권수익률을 결정하는 데 영향을 주는 요인은 시중금리, 경제 상황과 같은 외적 요인과 채권의 만기, 발행 주체의 지급 불능 위험과 같은 내적 요인이 있는데 가장 큰 변동요인은 채권의 수요와 공급이며, 공급보다는 수요에 더 큰 영향을 받는다. 채권의 공급은 일정한 계획에 의하여 이루어지기 때문에 수요에 큰 영향을 받지 않는 반면 채권의 수요는 채권의 가격이 탄력적이기 때문에 채권의 수요가 증가하면 채권 가격은 상승하고 채권의 수요가 감소하면 채권 가격은 하락한다. 즉, 금융시장의 자금 사정 변동에 의한 채권의 수요 증감이 채권수익률의 변화에 가장 큰 영향을 준다.

채권 투자전략에는 투자자가 채권 포트폴리오를 구성한 후 만기일 또는 중도 상환일까지 보유하고 있다가 만기일에 상환하여 다시 비슷한 채권 포트폴리오를 구성함으로써 정해진 투자 원칙에 따라 기계적으로 운용하는 소극적 투자전략과 단기적인 관점에서 위험을 감수하면서 채권투자 수익을 극대화하고자 하는 적극적 투자전략이 있다.

채권에 직접 투자하거나 채권형 펀드에 간접투자를 할 때 투자의 손익은 투자자에게 귀속되는 상황에서 투자에 신중하게 접근하는 것은 무엇보다 중요하다.

경제의 제반 여건을 분석하고 전문가와의 상담을 통해 본인의 투자 목적에 적합한 운용전략을 수립해야 한다. 더불어 운용성과의 평가를 통해 목표치와 달성치를 비교하여 목표를 수정해 가는 과정을 지속해야 한다(동 양일보, 2001. 9. 14.).

화
촌
의
열
정

미 테러 참사 위기 속의
효과적 주식 투자

주식은 기업의 소유권을 일정한 수의 사람들이 서로 나누어 가지는 증서로 주식회사의 자본을 이루는 단위가 되는 금액을 뜻하기도 하고, 회사에 대한 권리와 의무의 단위로서의 주주권을 뜻하기도 한다. 어떠한 투자이든 돈을 벌기 위한 것이라는 목적에서 벗어날 수 없는데, 여기서 항상 염두에 두어야 할 점은 투자에는 언제나 위험이 따른다는 것이다.

주식은 반드시 성공한다는 보장이 없는 투자 수단이므로 투자자가 부담할 수 있는 위험 수준에서 그에 상응하는 수익을 얻는 것을 목표로 해야 한다.

주식시장의 장세는 예측하기 어렵지만 장기적으로 주가는 기업의 내재가치에 수렴하기 때문에 기업의 내재가치보다 주가가 싼 저평가 종목에 투자하는 것이 유용한 투자 방법이라고 할 수 있다. 따라서 주식투자에서는 기업의 가치를 파악하는 노력이 핵심이며, 주가가 정당한 가치보다 낮을 때 매입하고 그 가치 이상으로 오르면 팔아서 이익을 실현한다. 또한, 주가를 결정하는 기업의 가치는 경제환경의 변화에 따라 수시로 변하므로 경제 동향과 산업 동향을 꾸준히 관찰해야 한다.

미국에서 발발한 테러 사건으로 인해 한국 주식시장은 매우 어려운 처지에 놓이게 됐다. 정치적 동기에서 발단된 사건이지만 부정적 경제요인으로 주식시장은 작지 않은 타격을 입고 있다. 또한, 실물경기의 위축으로 인한 각국의 주가 하락이 이번 미국의 9·11테러 대참사로 더욱더 가속되고 있다.

이번 사태는 분명히 세계경제의 악재이며, 미국의 테러집단에 대한 보복이 장기화될 경우 세계경제의 장기 불황 가능성을 배제할 수 없다. 그러나 이 시점에서 감안할 것은 주가가 이미 큰 폭으로 하락한 뒤 다소 안정세를 보이고 있다는 점이다. 물론 상황이 악화되어 전쟁 등 극단적인 상황이 벌어진다면 증시 여건에 대한 평가가 더 낮아지겠지만 그렇지 않다고 가정한다면 외부 충격을 어느 정도는 흡수한 것으로 보인다.

위기일수록 냉철하게 판단해야 한다. 모든 사람이 위기라고 느낄 때가 기회가 될 수 있다. 주식시장은 철저한 고위험·고수익 시장이다. 실패를 두려워하는 자는 절대로 성공할 수 없다. 그러나 무모할 정도로 용감한 것은 망하는 지름길이다.

템플턴 투자 격언을 통해 성공 투자를 위한, 다음과 같은 조언을 드린다.

첫째, "비관론이 팽배해 있을 때 투자하라."

강세장은 비관론 속에서 싹이 트고 회의론 속에서 자라나 낙관론과 함께 성숙하며 행복감이 최고조에 달했을 때 사라진다.

둘째, "대중을 따르지 마라."

다른 사람들과 같은 종목을 같은 시기에 투자한다면, 그 사람들과 같은 결과밖에 얻지 못한다. 남들과 다르게 투자해야만 더 나은 성과를 얻을 수 있다. 모두가 팔려고 할 때 사고, 사려고 할 때 팔려면 대단한 용기와 인내가 요구되지만 이를 통해 더 높은 수익을 올릴 수 있게 된다.

셋째, "실패를 통해 배워라."

투자에는 실수가 따르기 마련이다. 그러나 실수를 피해가기 위해 투자 자체를 하지 않는다면, 그 자체가 무엇보다도 가장 큰 실수다. 중요한 것은 과거의 실수를 통해 배우고 같은 실수를 반복하지 않는 것이다. '이번만은 다르겠지'라는 말은 금물이다 (동양일보, 2001. 9. 28.).

저금리시대의 선택, 배당투자

최근 주식시장은 9·11테러사태 이후 위축된 경기 동향에도 불구하고 미 증시의 안정과 심리적 안정을 기반으로 단기 상승세를 지속하였다. 악재보다는 호재에 민감하게 반영하고 있는 데다 단기적인 수급요인의 호전, 저금리시대의 대체 자산 운용 수단의 변화, 그리고 내년 하반기에는 펀더멘 탈과 기업 실적이 호전될 것이라는 심리적 기대감 등이 금번 지수 상승의 요인으로 설득력을 얻고 있다.

그러나 600선대까지는 본격적인 매물대에 들어섰음을 감안하면 지수보다는 종목 중심의 장세 전개를 염두에 두어야 한다. 지속적인 외국인 매수 유입 종목군, 중소형 실적우량주, 배당 관련 유망주 중심의 빠른 대응이 유효할 것으로 전망된다. 그중에서도 요즘 같은 저금리시대에 배당 관련 유망주의 투자야말로 비교적 안전한 자산 운용 방법일 수 있다.

사실 지금까지의 배당투자는 결산기가 임박한 시점에 주가 수준이 낮아 높은 배당수익률이 예상되는 주식을 매수하여 배당수익을 얻고 난 후 단기간에 매도하거나 배당 기준일 직전까지의 주가 상승을 이용해 시세차익을 얻는 것이 일반적이었다. 그러나 저금리 기조의 지속으로 배당투자에 대한 관심은 점차 높아지고 있다. 또한 작년부터 현금배당락제도가 없어짐에 따라 배당은 주식을 통해 기대할 수 있는 현금 흐름의 최소 크기가 아니라 안정적인 소득원이 필요하고 위험을 싫어하는 특성을 가진 이자소득 생활자에게는 가장 매력적인 투자 수단이 되었다고 볼 수 있다.

특히 근로자주식저축 가입자나 올해부터 판매하는 장기증권저축 가입자에게는 세액공제뿐만 아니라 배당수익에 대해서도 비과세 혜택이 주어지므로 근로자나 자영업자는 본인의 세금을 고려해 근로자주식저축이나 장기증권저축을 활용한다면 운용 수익을 최대화할 수 있을 것이다.

일반적으로 배당 재원의 원천은 기업의 순이익이다. 그러나 올해는 지난 해에 비해 기업 실적이 크게 악화되었고, 경기침체 또한 장기화되고 있어 시장 전체 규모로는 배당금 지급 수준이 작년 수준을 뛰어 넘긴 어려울 것으로 보인다. 상반기 실적 기준으로 전체 회사의 순이익 합계가 46.3% 감소해 주주를 위한 배당 재원이 축소됐다고 볼 수 있다.

그러므로 올해의 경우 단순히 과거의 배당 성향이나 전년에 지급된 배당금과 주가를 고려해 계산되는 배당수익률만을 기준으로 삼아 배당투자 유망 종목을 선별하는 것은 별다른 의미가 없어졌다. 그러면 배당투자 유망 종목은 어떻게 선별할까? 선별 기준은 다음과 같다.

1) 당해 기업의 현금 흐름이 양호하고 최근 연간 배당수익률이 시중 정기 예금 금리인 5%를 상회하는 기업
2) 2001년 상반기 및 곧 발표될 3/4분기의 기업 실적을 분석한 결과 영업이익, 경상이익, 순이익이 모두 증가한 기업
3) 현 주가의 절대 수준이 높아 추가 상승이 어렵다고 판단되는 기업과 단순 수급요인에 의해 주가변동성이 컸던 기업은 제외

상기 조건을 충족시키는 종목들의 대부분이 저가대형주이며 주가의 절대 수준이 낮아서 개인투자가 입장에서 접근하기가 용이한 종목들이다. 참고로 우선주는 보통주보다 배당수익률이 대부분 높다. 우선주의 배당 투자 유망 종목은 상기 조건을 충족하고 보통주와의 괴리율이 큰 종목 위주로 선택한다면 높은 배당수익률을 기대할 수 있다. 그러나 우선주는 유통 물량이 적어 매매할 때 주의해야 한다.

단기간에 주식시장이 급반등했지만 국내의 주가 수준은 여타 비교국가들에 비해 여전히 저평가된 상태이며 경기회복이 본격화될 때에는 굳이 배당뿐만 아니라 시세차익이라는 면

에서 단기투자와 장기투자가 모두 가능해 보인다(동양일보, 2001.
11. 16.).

저금리시대의 재테크

아플 때 의사 선생님을 찾듯, 금융 전문가를 찾으세요

　　IMF 외환위기 이후 급변하는 금융환경의 변화는 재테크에 대한 인식의 변화를 강요하고 있다. 1997년 11월 IMF 구제금융을 받기 시작하면서 최고 연 30%까지 육박하는 살인적 고금리로 중소기업의 자금난이 최악의 상황으로 치달았던 반면 이자소득자 등 투자자는 은행 및 투신사의 안정형 상품에 가입하여 높은 수익을 올리는 호시절을 맞이했었다.

　　1999년 초부터 금리가 한 자릿수로 진입하고 안정성 자산보다는 수익성 자산을 선호하는 경향이 나타나면서 시중 자금이 주식시장으로 급속히 유입되어 또 한 번의 1,000포인트를 기록하면서 장밋빛 미래가 펼쳐졌다. 그러나 1999년 8월에 터진 대우사태는 투자자의 재테크 성향을 수익성보다 안정성에 더 많은 관심을 갖도록 만들면서 주가 하락을 초래하는 결정적 계기가 되었다.

최근의 금융환경은 만기 1년짜리 정기예금 고시금리가 4%대로 진입하면서 실질금리 마이너스시대에 진입하여 투자자의 실질소득 감소 및 소비심리 위축 등이 나타나고 있다. 무조건적으로 안정성 및 확정금리 위주로 생각하는 것에서 탈피하여 새로운 재테크 방법을 찾아야 하는 시점이 된 것이다.

자산을 운용하는 기준으로는 환금성, 안정성, 수익성이 있다. 예금이나 저축은 안정성 면에서는 주식보다 뛰어나나 수익성 면에서는 주식보다 떨어지며, 예금이나 저축이 환금성, 안정성이 뛰어난 금융상품으로 이자를 받게 되는 반면 주식은 환금성, 수익성이 높은 금융상품으로 이자가 아닌 배당금과 주식 가격 상승 시 발생하는 시세차익을 얻을 수 있다.

또한 본인의 투자 성향에 따라 저축과 투자를 확실히 구분하여 포트폴리오를 구성하는 것이 중요하다. 저축이란 무위험 저수익 운용을 말하며, 투자란 일정한 위험을 감수하더라도 높은 수익을 내기 위한 운용을 말한다. 이때 저축 부분은 환금성에, 투자 부분은 위험을 줄이는 데 비중을 두는 것이 좋다.

그리고 재테크에 대한 지식 수준을 높여야 한다. 자신이 제대로 알아야 올바른 판단을 할 수 있다. 경제신문이나 재테크 관련 잡지의 정기구독, 재테크 관련 정보 스크랩, 투자설명회 참석, 수시로 재테크 전문가를 찾아가서 조언 청취하기 등 다양한 방법이 있다.

마지막으로 자신에게 맞은 금융기관, 자산관리자를 찾아야 한다. 질병을 예방하고 치료하기 위해 병원에 가고 전문가인 의사를 찾아가듯이 금융 분야의 전문가를 선택하는 것은 당연한 일이다. 모든 사람이 희망하는 항상 좋은 상품이란 존재하지 않는다. 주가 상승기에는 주식이 많은 수익을 올릴 수 있게 해주지만 주가 하락기에는 큰 손실을 입히기도 한다. 자신의 자산을 적정하게 배분하여 투자하고, 환경 변화에 맞추어 줄 사람은 필수적이다.

현재 금융기관은 상품 판매에서 벗어나 자산관리형 영업으로의 변화를 꾀하고 있으며, 투자 상담에서 나아가 세무, 법률에 대한 조언까지 해주는 PB영업을 추구하고 있다. 금융기관이 예전의 집사 일을 봐 주고 있는 것이다.

이제 앉아서 고민하지 마시고, 돌아다니면서 전문가도 찾아보고 정기검진을 통하여 질병을 예방하듯 정기 또는 수시로 성과를 점검하여 투자 조정 및 자산 재분배를 해 나가야 한다. 또 세테크에도 관심을 가지고 위험관리도 하면서 수익을 극대화하는 것이 저금리시대를 헤쳐나가는 바른길이다(동양일보, 2001. 8. 31.).

주식형펀드 투자는 '막차'인가?

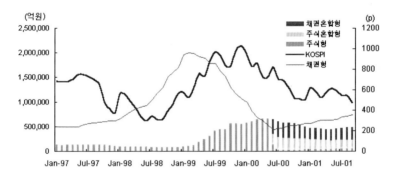

자료: 한국투자신탁증권 청주지점

장바구니를 든 아주머니가 증권회사에 나타나면 주식시장
은 꼭대기에 온 것이니 팔아야 한다는 말이 있는데 이는 정보
와 투자기법이 부족한 일반투자자는 그만큼 뒷북 치기가 쉽다
는 사실을 잘 말해 주는 것이다. 이러한 현상은 직접투자뿐만
아니라 간접투자에서도 마찬가지로 나타나고 있다.

한국투신증권이 최근 주식형펀드 가입 금액을 분석한 결과 일반투자자들은 주가가 오른 지 6개월쯤 후행해서 본격적으로 주식형펀드에 가입하고 있는 것으로 나타났는데 이미 주가가 크게 오른 상태여서 큰 수익을 거둘 수 없으며 주가가 하락세로 돌아서면 큰 손실을 입게 된다는 것이다.

예컨대 1998년 10월 주가가 대세 상승기로 돌아섰지만 주식형 펀드의 수탁고는 아주 저조했으며, 6개월 뒤인 1999년 4월부터 꾸준히 늘어났다. 그러다가 2000년에 들어서자마자 주가가 곤두박질하기 시작했지만 주식형펀드에는 여전히 자금이 몰려 주가가 하락세로 돌아선 지 5개월이 지나도 수탁고는 계속 증가한 것으로 나타났다. 결국 주식형펀드가 주가를 받쳐 주는 역할을 하면서 막차가 되어 버린 것이다.

미국 9·11테러 참사로 이렇게 불안한 시점에서 주식형펀드에 가입하는 것은 사실 분명히 힘든 일이다. 그러나 평소에 주식을 거들떠보지 않던 사람들이 주식형 수익증권을 사기 위해 투신사 창구에 몰려왔을 때 주가가 천정에 올랐다고 본다면 역으로 주식이나 주식형 수익증권에 대한 관심이 크게 떨어진 지금이 바닥이라고 볼 수 있다. 경기회복이 가시화되기까지는 시일이 걸리겠지만 주가 조정은 이를 이미 어느 정도 반영하고 있으며 또한 전쟁 등 예기치 못한 사건으로 인한 시장 충격은 단시간 내에 회복되는 경우가 많았다는 점도 현 시점에서의 시장 접근을 긍정적으로 볼 수 있게 한다.

근래의 금융시장 환경을 보면 자금시장의 개방으로 이제 저금리 체제가 본격적으로 열리고 있다. 아직 시장 위험에 대한 불안으로 안전 자산에만 돈이 몰리고 있지만 조만간 주식사장에도 자금이 들어올 것이며 저평가된 주가를 고려해 볼 때 향후 주가 상승을 기대하는 것은 결코 무리가 아니라고 본다. 지금은 주식 투자에 대한 기대수익률이 높은 상황인 것이다.

이에 따라 한국투신운용에서는 주식형 서바이벌 전략을 수립하여 고객의 신뢰를 회복할 수 있는 적기로 보고 주식형 펀드 판매에 적극적으로 나서고 있다. 무조건적인 고수익을 추구하기보다는 고객이 만족할 수 있는 수익률을 달성하기 위한 안정적인 운용과 고객 특성에 맞는 운용에 주안점을 두고 고객 만족에 최선을 다하겠다는 각오를 보이고 있다. 이번에 발매되는 '늘푸른안정혼합투자신탁'은 안정성을 선호하는 보수적인 고객층이 주 대상이므로 철저한 리스크 관리를 우선시하고 배당투자를 위주로 보수적 운용을 한다. 'KM체인지12주식투자신탁'은 주식 편입 비율이 60% 이상인 성장형 펀드나 12% 정도의 수익이 나면 운용 대상을 채권 등 안전자산으로만 운용한다.

주식 투자는 시간의 예술이다. "주식을 사지 말고 때를 사라."라는 말도 있다. 똑같은 주식을 언제 사느냐에 따라 투자수익률에서 하늘과 땅만큼의 차이가 난다. 거액투자자인 큰손은 바닥 근처에서 사서 꼭지 부근에서 파는 반면, 일반투자자인 개미들은 상투 부근에서 산 뒤 바닥 근처에서 판다. 큰손은 주식

투자에서 큰돈을 버는 반면, 조막손인 개미들이 돈을 벌기는 커녕 원금마저 날려버리는 일이 많은 것은 이 때문이다.

　대부분의 일반투자자는 주식 투자 능력도 제대로 갖추지 않고 공부도 거의 하지 않으면서 한몫 잡겠다는 탐욕만 갖고 주식 투자에 나선다. 그러나 주식시장은 그런 욕심을 쉽게 충족시켜줄 정도로 호락호락하지 않다. 주식시장은 첨단 금융기법과 수천억 원에서 수조 원에 달하는 엄청난 자금력을 동원할 수 있는 외국인과 직접 경쟁해서 이겨야 돈을 벌 수 있는 치열한 전쟁터다. 주식시장은 개미들에게는 불리하게 되어 있다.

　우선 투자 정보가 부족하고, 자금력도 취약하며 시간적 여유도 거의 없다. 따라서 직접투자보다 전문가에게 맡겨 간접투자하는 것이 바람직한 경우가 많다. 간접투자에서 항상 수익을 얻는 것은 아니지만 스스로 하는 것보다는 안전하다고 볼 수 있다(충청일보, 2001. 10. 16.).

충북 지역 법인 대상 투자설명회

안녕하십니까? 한국투자신탁증권 청주지점장 송광근입니다.

오늘 이렇게 충북 지역 법인을 대상으로 한 투자설명회를 숲속의 호텔에서 개최하게 된 것을 매우 기쁘게 생각합니다. 눈이 와서 일기도 고르지 않은 데다가 이사회 준비나 감사 등으로 여러 모로 바쁜 와중에도 투자설명회에 참석해 주신 이사장님 이하 모든 분께 대단히 감사드립니다.

우리 한국투자신탁 증권은 고객과의 신뢰를 최우선 바탕으로 '투자하고 싶은 회사', '거래하고 싶은 회사', 직원들에게는 '근무하고 싶은 회사'로 고객 여러분께 다가서기 위해 임직원이 대변신과 대약진할 수 있는 의식과 행동을 겸비하여 초일류 경쟁력을 지닌 미래지향적인 종합자산관리회사로 만들고 있습니다.

오늘도 우리 지역 법인 고객 여러분께 더욱 가까이 다가서기 위해 이러한 행사를 하게 되었으며, 우리 지역에 맞는 '맞춤 서비스'의 상품을 만들고자 합니다. 요번 투자설명회는 2002년 경제 및 주식 전망과 CBO펀드 운용 경과 및 향후 운용계획, 신상품 제안 및 질의응답 시간으로 구성해 보았습니다.

제가 작년 법인 대상 투자설명회에서도 말씀드렸듯이 갈수록 커지는 확정금리에 의한 금리 차익으로 자금을 운영하는 기간은 줄어들기에 급변하는 경제시장에서 살아남기 위해서는 많은 금융 지식을 쌓는 한편, 리스크를 어느 정도 줄이면서 최대한의 이익을 찾을 수 있는 방안을 찾아야 합니다. 저는 여러분이 오늘 이 투자설명회에서 그 방법을 찾으셔서 자금 운영에 큰 도움이 되었으면 합니다.

투자설명회를 원활하게 진행하기 위해 질문은 별도로 신상품 제안 및 질의 응답 시간에 받도록 하겠습니다. 설명드릴 때 질문 사항을 별도로 적어 놓으셨다가 질의응답 시간에 해주시면 감사하겠습니다. 감사합니다.

그럼 지금부터 우리 지역 법인 투자설명회를 실시하겠습니다. 먼저 한국투자신탁 운용회사 안정2팀 김상백 펀드매니저가 2002년 경제 및 주식 전망에 대해 설명해 주시겠습니다.

안정2팀장인 류재천 펀드매니저가 오늘 참석하려 했으나 집안에 상이 있어서 참석하지 못하였습니다. 이 점을 널리 이해해 주시면 감사하겠습니다. 그러나 운용 실무는 실무자가 더 잘한다는 것을 알고 계시죠? 안정2팀에 대해 자랑을 좀 하자면 법인 안정펀드 운영에 대해서는 투자신탁운용사의 어느 팀도 감히 넘보지 못하는 팀입니다.

그 실력을 인정하여 정보통신부에서도 2000억 펀드를 운용하게 하고 있습니다. 저희 지점에서도 작년에 충북 지역에 대한 별도 펀드를 만들어 주가가 좋지 않을 때에도 연 16%, 14%라는 높은 수익률을 올린 적이 있으며 올해 초에도 별도의 펀드를 만들어 운용하고 있습니다. 김상백 펀드 매니저의 주식 전망에 대한 내용을 들어보고 마음에 들면 바로 충북 지역에 맞는 별도의 펀드 설정을 주문하셔도 되겠습니다.

다음에는 정원석 채권운용 본부장과 안재현 펀드팀장께서 CBO펀드 운용 경과 및 향후 운용계획에 대해 설명해 주시겠습니다. 참고로 정원석 채권운용 본부장은 작년에 CBO펀드 운용 팀장으로 있을 때 투신운용사 펀드매니저 중에서 가장 우수하다는 평가를 받은 바 있습니다.

다음은 신상품 제안 및 질의응답 시간으로 박동렬 영업추진부 팀장이 맡아 주시겠습니다. 지금까지 경청해 주셔서 감사합니다.

저희 한국투자신탁 청주지점은 '법인이 원하는 상품이 무엇인가?', '법인에 필요한 것이 무엇인가?'를 끊임없이 연구하고 생각하며, 지점이 해결할 수 없는 것은 본부에 요청해서 해결토록 하여 자금 운영에 꼭 필요한 신뢰의 동반자로 봉사할 것을 다짐

합니다. 지켜보며 후원해 주십시오.

이것으로 설명회를 마칩니다. 이제 식사를 하시면 됩니다. 식사 중이라도 질문 사항이 있으면 답변을 하도록 하겠습니다. 감사합니다. 즐거운 시간 보내시기 바랍니다(2002.1.23.).

화
촌
의
열
정

매일경제신문 '질서 제언' 기고문

작은 질서 지키기 운동

매일경제신문에서 시행하는 기초질서 운동에 무엇으로 참여할까? 직원 회의에서 거리질서 운동을 하기로 정하고 금년 4월부터 매주 금요일에 근무 시간 전인 오전 8시부터 9시까지 지점 근처에 있는 육거리 재래시장 앞에서 시행하고 있습니다. 육거리는 사거리에 비해 교통신호가 헷갈리고, 육거리 재래시장은 청주시내에서 큰 시장으로 할머니, 할아버지 등 노인분이 많이 이용하고 있습니다.

교통 질서 행사용 깃발과 홍보용 전단(교통질서의식, 공중질서의식)도 만 들고 직원들은 '한투탐스 충북사랑자원봉사단'이라는 명칭이 새겨진 티셔츠를 입고 봉사에 임하고 있습니다. 또한, 매월 1회 청주에 있는 우암산에서 쓰레기 줍기를 하는 한편 홍보용 전단(함께 살고 싶은 녹색지대 청주)을 등 산객들에게 배포하고 있습니다.

거리 질서 봉사 활동을 할 때에는 아침 일찍 시장에 오신 할머니, 할아버님들께서 파란 신호를 보고 횡단보도를 건너오다 신호가 바뀌면 당황하는 모습을 보고 저희가 모시고 건너오고, 기다리시는 동안 급한 마음에 차도에 내려오시면 인도에 계시라는 말씀도 드리며, 좌회전하는 차량이 횡단 보도 파란 신호를 보지 못하고 운전하면 깃발로 통제도 합니다. 이렇듯 봉사에 열중하다 보니 8월 초에는 직원이 일사병으로 쓰러지는 일도 있었습니다.

그러나 요즈음은 횡단보도에서 어른들을 만나게 되면 서로 인사도 합니다. 어떤 할머니께서는 "더운데 모자라도 쓰고 하지 그래유~."라고 말씀해 주셔서 힘이 절로 났습니다. 또 어떤 할아버님이 "젊은이들이 있으니까 안심이 되는데 왜 매일 안 나와."라고 말씀하실 때는 괜히 죄송스러웠습니다.

개선해야 할 점이 있다면 적색신호가 바뀌어도 계속 운행을 한다는 것과, 청소년들이 자주 무단횡단한다는 것입니다. 또한, 적색신호를 보고 차가 정차할 때 정지선에 서주면 보행자가 안심할 것 같고, 황색신호가 들어와도 노약자가 안전하게 인도에 도착할 때까지 차량 운행을 하지 않았으면 하는 마음입니다.

한편 우암산에서의 운동과 쓰레기 줍기 자원 봉사는 회사 출근 시간 때문에 오전 6시 20분부터 7시 50분까지 진행합니다.

새벽 운동을 하시는 분들과 인사도 나누었습니다. 특히 운동하시는 분들끼리는 인사를 별로 하지 않지만 우리를 지나치면서 '수고하십니다.'라고 인사할 때는 기뻤고 '이런 것이 바로 봉사의 참맛이구나'라고 생각했습니다.

쓰레기는 오솔길보다는 길 옆의 나무숲에 많이 있었습니다. 등산하면서 길에는 못버리고 숲으로 던진 것 같더군요(쓰레기는 유리병, 빈캔, 프라스 틱병, 신문지, 1회용 김밥용기 등). 쓰레기가 많은 곳은 골짜기가 있는 주변이었습니다. 쓰레기 봉투가 한 곳에 한 장으로는 부족했습니다. 땀도 많이 흘리고요.

운동 겸 봉사 활동을 마치고 씻고 난 후, 훨훨 창공을 나는 듯한 기분이었고, 서문교 근처에 있는 해장국집 맛은 일품이었습니다. 여기에서도 우리의 질서 지키기가 꼭 필요한 부분이 있었습니다.

우선 쓰레기를 꼭 가져오는 습관이 필요합니다. 등산로 입구에는 쓰레기 봉투가 놓여 있습니다. 한 장만 가져가서 되돌아올 때 담아 오기만 하면 됩니다. 우리 동네와 산은 우리가 지켜야 합니다.

끝으로 우리의 작은 봉사는 지역 주민에게 귀감이 되어 오늘 충청북도에서 개최하는 "충북 사랑 자원봉사 물결운동" 시상식에서 우리 한투 청주지점이 회사 단체로서는 유일하게 수상하게 되었습니다. 보다 더 헌신적인 봉사로 우리 고장 발전에 초석이 되고자 하며, 이를 바탕으로 지역과 더불어 사는 한투 청주지점으로 거듭나겠습니다. 감사합니다.

신년사 ^(2004년도)

새해 복(福) 많이 받으세요

안녕하세요. 한국투자증권 종로 5가 지점장 송광근입니다.
동장군이 기승을 부릴 겨울인데도 포근한 날씨가 계속되고 있
습니다. 하시는 일은 잘 되는지요?

날씨가 춥지 않아 활동하시기에는 더 없이 좋지만 계절에
관계된 일이나 사업을 하시는 분들에게는 어려움이 있을 것 같
아 걱정이 앞섭니다.

지난해는 전체적으로 경기가 침체되어 모든 분에게 힘들었
던 해였지만 올 갑신년(甲申年)에는 세 가지 복(福)을 빌고 싶습니
다. 첫 번째 복(福)으로는 댁 내에 건강(健康)이 함께하길 비옵고,
두 번째로는 재테크를 잘 해서 마음까지 넉넉해지시길 빌며, 세
번째로는 만인(萬人)으로부터 추앙(推仰)받는 명예(名譽)의 복(福)
을 받으시기 바랍니다.

그중 두 번째 복(福)인 재태크 분야는 우리 한국투자증권 종로5가지점이 책임지도록 노력하겠습니다. 확정형 상품인 "대표 신탁형", 자산을 안전하게 운영해주는 "부자아빠 랩", 사모사채인 "매칭형 고수익 상품", "거꾸로 주식형" 등 우리나라 제일의 "명품 펀드"에 대해 고객의 투자 성향에 맞는 상담을 하도록 하겠습니다. 아울러 저를 비롯한 지점 직원들이 앞서 나가는 투자 전략으로 기쁨을 선사할 수 있도록 최선을 다하고 오직 고객의 이익만을 위해 뛰겠습니다.

아무쪼록 금년에는 하시고자 하는 꿈이 꼭 이루지기를 두 손 모아 기원드리오며, 동봉한 팸플릿을 참조하시고, 궁금한 사항이나 문의 사항이 있을 때에는 우리 지점을 방문하거나 전화로 상담하시면 고객의 입장에서 최선을 다해 상담해 드리겠습니다.

감사합니다. 안녕히 계십시오(2004.1. 1.).

서울 종로 5가 지역 재테크 설명회

안녕하십니까?

한국투자신탁증권 종로5가 지점을 맡고 있는 송광근입니다. 바쁘신 가운데 재테크 설명회에 많은 고객 여러분께서 참석해 주셔서 대단히 감사드립니다.

우리 회사는 재테크의 여러 기법을 활용하여 고객 여러분의 수익원을 다변화하고자 요번에 용인 삼가지구 아파트 코오롱 하늘채 펀드를 모집하였는데 거의 2배수에 가까운 자금이 모집되었습니다. 그 정도로 많은 분이 부동산 재테크에 큰 관심을 보여 주셨습니다.

또한 우리 회사는 오늘 원유-선물 연동펀드를 설정하여 원금 보존을 추구하면서 유가가 상승하거나 하락해도 양방향으로 수익을 실현할 수 있는, 우리나라 최초의 원유-선물 연동펀드를 새롭게 선보이기도 하였습니다. 앞으로도 많은 투자기법과

상품을 선보일 예정이니 관심을 가져 주시면 감사하겠습니다.

그 일환으로 우리 종로 지역의 고객 여러분께 더욱 나은 재테크 정보를 제공하기 위해 다음과 같이 두 가지 주제로 이번 투자 설명회를 준비하였습니다. 첫 번째 주제는 "청계천 복원과 주변 지역 개발 전망"이며 강사는 연세대학교 도시공학과 김갑성 교수입니다. 두 번째 주제는 "혼조장세 속에서의 하반기 주식 투자 전략"이며 강사는 선에셋투자자문사의 안효문 대표입니다.

부동산 재테크 내용 중에는 아직 발표하기 이른 것도 있어 강의 내용을 드리지 못합니다. 이 점을 송구스럽게 생각합니다. 하지만 오늘 잘 경청하시면 좋은 투자법도 나올 듯합니다.

주식 투자에서는 개인이 정보와 시간이 부족하여 직접투자로 수익을 내기는 어렵습니다. 그래서 안효문 대표로부터 새로운 투자기법을 듣고 투자에 참고하시기 바랍니다. 이번 소중한 강의를 듣고 한발 앞선 재테크로 많은 수익을 거두셨으면 합니다. 감사합니다.

휴대폰 회화를 품다

Samsung **GALAXY** Note Ⅱ

S펜으로 그리다

갤럭시 노트의 S펜으로 그림에 대한 열정을 해소해 낸
S펜 아티스트 서영희 작가

서영희 작가_
· 갤럭시의 개관 기념전
· 휴대폰 회화를 품다 개인전 진행
· 중국 청도 명가 미술관 초대 작가
· Korea Art Festival 출품 외 다수

세상의 어떤 이야기도
그 시작은 펜으로부터

Part 2
디지털
아티스트의 꿈

花村

나의 동반자, 서영희 작가

37년간 나와 함께해준 울 마님 서영희 작가가 일산에서 초록마을이란 어린이집을 처형과 처제와 함께 운영하며 틈틈이 유화를 그렸지만 자신이 아픈 이후에는 휴대폰으로 그림을 그리며 작품 활동을 했다. 그 후에는 삼성전자 홍대점을 개점할 때 삼성전자와 'S펜으로 그리다'란 제목으로 협업하면서 휴대폰에서 직접 그림을 그리면 대형 화면에 나오는 모습을 시현하기도 했다.

2014년 9월 인사동에서 '휴대폰 회화를 품다'란 제목으로 전시회를 열었는데 휴대폰으로 그린 그림을 전시하는 것은 우리나라 아니 세계에서 최초가 아니었을까라고 생각한다. 내가 다니던 한국투자증권의 로비 등 여러 곳에서 전시회를 열었다. 2016년 7월 당시 행복경영을 주도한 한투 유상호 사장님의 배려로 사옥 로비에서 한투 역사상 최초로 직원 가족 그림 전시회가 개최되었는데 지금도 회사 측의 지원에 감사드린다.

아픔이 찾아오다

　서 작가가 2020년 4월 코로나사태로 세상이 어지러울 때 목이 아파 동네 병원에서 치료를 받던 중 폐의 X-ray를 한 번 찍어보자는 의사 선생님 말씀에 동의하여 촬영하였다. 그런데 의사 선생님은 그 결과는 말씀해주시지 않고 큰 병원으로 가 볼 것을 권유했다.

　코로나19 때문에 큰 병원에는 입원도 하기 힘들 때였는데 응급실에서 코로나 검사로 2일간 격리되어 음성이 확인된 후 일사천리로 검사가 시작되었고 그 결과 복막암 진단을 받았다.

　혹시나 해서 다른 큰 병원에서 재진찰하고 우선 항암 치료를 세 차례 먼저 한 후 11시간에 걸쳐 수술을 받았다. 교수님이 수술 후 "수술은 잘 되었으며, 복막암이 아닌 난소암 4기로 난소와 자궁 그리고 쓸개를 제거하였습니다."라고 하셨다. 복막, 간, 폐로 전이되어 독한 항암제로 치료하던 중 그다음 해인 2021년

7월 뇌로 전이되어 예수님의 가시면류관처럼 머리를 철 가시로 고정하고 감마나이프치료를 했다. 철 가시로 고정할 때는 뭘 하는지 전혀 모르고 있다가 까무러칠 정도로 놀랐는데 이는 생각하기 싫은 아픔이었다 한다. 우리 부부는 또 함께 울었다.

장기 입원

서 작가는 감마치료 후 혼자 행동할 수 없어서 서울 소재 재활병원에 장기 입원해 있었다. 코로나19 때문에 함께 있지도 못했을 뿐더러 창문 너머로 면회만 할 수 있었다. 항암 치료차 병원에 갈 때만 함께할 수 있었으며, 손을 잡을 수 있었을 때 행복함을 느꼈지만 마음은 무척 안쓰러웠다.

재활병원에 입원 중 항암 치료로 열이 났고 이로 인해 면역력이 약해졌다. 그래서 다른 환자들로부터 코로나 감염자로 오인되어 눈총을 받으며 4층 독방으로 옮겼다. 그 후 얼마 못 가서 코로나19가 병원 전체로 전파되어 그 큰 병원이 폐쇄되었다.

다른 환자들로부터 코로나 환자로 오인되어 눈총을 받으며 4층 독방으로 이동한 덕분에 운 좋게 코로나로 감염되지 않고 살아나올 수 있었다. 우리는 그 입원실을 노아의 방주처럼 서 작가의 방주로 이야기하고 하나님의 은혜로 감사하게 생각하며 집으로 돌아온 후에는 함께 있다는 것만으로 행복했었다.

그 후 2022년 7월 구토와 고열로 숱하게 다니던 응급실에 왔는데 머리의 암 덩어리가 4센티로 커졌다고 해서 머리 대수술을 하게 되었다. 교수님이 종양지수가 2,400이 넘고 종양이 간에 너무 많이 퍼졌다고 하면서 크게 걱정해 주셨다. 함께 면역력이 떨어져 한 달 넘는 입원 치료를 위해 나도 간병인으로 함께 입원해야만 했으며, 그때 통증을 느끼던 나의 어깨는 지금도 아프다.

서 작가는 면역력이 약해 병마와 싸우기 힘들어했고 이제는 집에 가야겠다고 해서 재활치료는 엄두도 내지 못하고 퇴원해야 했다. 오른팔과 오른다리를 못 쓰면서도 밝게 웃는 서 작가를 위해 책을 써서 희망을 주고 싶었다.

코로나를 비켜가지 못하다

사회 생활을 하는 내가 코로나19에 감염되어 서 작가에게 코로나를 옮기면 안 되니 몰래 주변을 힐끗힐끗 쳐다 보면서 혼자 점심 밥을 먹은 날은 수도 없이 많았고, 장례, 결혼식에는 부의금과 축의금만 송금하며 은둔자처럼 살았다. 하지만 그것도 코로나 점령군에게는 통하지 않았다.

2022년 9월 어느 날 혹시나 해서 몇 개 준비해 놓은 코로나 간이 검사지에 두 줄이 생길 때는 '악' 하는 소리가 남과 동시에 온몸이 천둥 맞은 것처럼 떨렸다.

나는 어디서 코로나에 걸렸는지 알지도 못하고 간병하다 보니 서 작가도 순식간에 감염되었다, 이때는 하늘이 노래지고 어떻게 해야 할지 참 답답했다. 우리 부부가 종합병원의 응급실 음압병동으로 입원해야 했고, 치료 후 이렇게 살아 남을 수 있었다. 이 삶이 언제까지 이어질지는 모르지만….

우리 서 작가의 희망을 잃지 않는 정신력은 알아주어야 한다. 이쁜 책이 잘 만들어져 우리 서 작가에게 기쁨을 주었으면 한다. 주님, 감사합니다.

화
촌
의
열
정

별이 되어 소풍 가다

2023년 1월 15일 사랑하는 서 작가에게 데이트할 때 부르던 노래와 알아듣는지는 모르지만 그동안에 함께 살아온 감사함을 전하였지만 서 작가는 63세의 나이로 별이 되어 하늘나라로 소풍 갔다.

양평의 공기 좋은 곳에도 찾아갔고, 멀리 가지 못할 때는 내 집처럼 서울대 관악캠퍼스 뒤 관악산 중턱 흐르는 물에 발 담그고 둘이서 함께 지냈었다. 아마 관악 캠퍼스의 주차비 우수 고객일 게다. 나름 최선을 다한다고 대전에 있는 모 대학의 ○○○○바이오 임상센터 등에 찾아다녔지만 헛되고 헛되었다.

이런 삶의 과정을 보고 건강에 나름 신경 쓴다고는 했지만 어딘가 잘못된 것 같고, 후회하고 있을 즈음에 모집 신문 광고를 보고 서울대 건강리더 최고위 과정과 서울대 제3기 인생대학 두 곳에 지원하게 되었다.

이 과정을 들으면서 '아, 내가 좀 더 일찍 알았다면 서 작가를 일찍 보내지 않았을 수도 있지 않았을까?'란 생각을 수도 없이 하게 된다. 강의를 들을 때마다 나의 표정은 밝고 쾌활했으나 내 마음은 눈물로 채워지고 있었다.

그러나 하늘나라에 있는 서영희 작가가 나의 이런 모습을 보고 싶진 않을 것이다. 씩씩하고, 정말 밝고 쾌활하게 사는 모습을 보여주자.

시 '무거운 눈물'

친구 한경수는 애통해하는 나를 위로하며 '무거운 눈물'이
라는 시를 보내왔다.

당신은 일평생 내자로 못난 나와 두 아들을 곁에서

묵묵히 지켜주었지요

그토록 그림 그리고 싶어 하고 정진하여 그림과 꽃 등을 친구삼아

위안을 가져 나는 기뻤지요

이 또한 병마를 이기지 못하였고 당신은 부디 하늘에서 그간 그린

작품과 가족들을 잊 지 말아주오

아~하늘이여, 이 추운 겨울날 당신은 나와 두 아들

그리고 어린 손주를 남겨놓고 어찌 그리 황망히 가시나이까?

눈가에 맺쳐 흐르는 눈물을 친구 뒤에서 옷소매로 닦는다

2023년 1월 16일
친구 부인상에 다녀온 후 애통해하는 송광근을 위로하며… _한경수 쓰다

회고담

(서영희 작가를 곁에서 지켜본 숭실사이버대 유명환 교수의 회고담)

스마트폰에 자신만의 세계를 담아냈던 디지털 아티스트 서영희님! 서영희 씨는 우리 대학에서 만난 수많은 학우가 그렇듯이 꿈과 희망을 찾아 노력하는 학생 중의 한 명이었으나 그녀의 열정과 인내심은 특히 더 눈에 띄었다. 그녀는 늦은 나이에 대학에서 디자인을 전공하였지만 컴퓨터 그래픽과 디자인에 깊히 빠져 들어 남다르게 두각을 나타내었으며, 그녀의 눈은 픽셀과 색상에 대한 호기심으로 가득 차 있었다. 그녀는 새로운 도전을 두려워하지 않았고 자신의 목표를 향해 달려가는 집중력과 열정이 넘치는 학생이었다.

디자이너보다는 화가의 꿈을 꾸었던 영희 씨는 그림에 화려한 색채로 세상을 표현하고자 했다. 그녀는 붓과 캔버스를 대신하여 손 안의 스마트폰 미디어에 일상을 직관적으로 표현하여 형형색색으로 담아내고자 하였다. 세상을 표현하는 방식을 자신만의 터치로 담아내기 위해 매일매일 꾸준히 노력했다. 그러나 그러한 노력에도 불구하고 세상은 때로는 엄격하고 현실적이다. 디지털 아티스트로서의 길은 생각만큼 쉽지 않았다.

디지털 아티스트로서의 꿈을 이루기 위해 영희 씨는 많은 경쟁과 어려움을 극복해야만 했다. 그녀는 기술적인 어려움과 예술적인 고민을 극복하며 성장했다. 특히 디지털 미디어를 활용하여 새로운 경험을 제공하고자 했기 때문에 우리 학교에서 다양한 미디어를 공부한 것이 큰 도움이 되었으며 그래픽 디자인, 웹툰, 영상 편집, 3D 등 다양한 분야를 탐구하며 자신만의 스타일을 발견해 나갔다.

그녀는 부족한 부분을 메우기 위해 끊임없이 연습하고 많은 습작을 디지털 화면에 그려가며, 자신만의 스타일을 찾아나갔다. 일상의 스케치 속에서 감정과 아이디어를 담아내며, 여러 번의 개인전을 통해 더욱 성장해 나가는 모습을 볼 수 있었다. 그 결과, 그녀의 그림은 사람들에게 감동과 영감을 주며, 그녀의 꿈은 현실이 되었다. 그녀의 작품은 스마트폰을 통해 누구나 쉽게 창조적인 예술을 할 수 있다는 희망을 주었고, 수많은 사람에게 영감을 주었다.

그녀가 화려하게 스마트폰 아티스트로 등단한 이야기는 우리 후배들에게도 희망을 주며, 꿈을 향해 정진하고 노력하는 성실도의 중요성을 상기시켜 준다. 현실과 환상 사이를 화려한 색으로 덧칠하며 짧은 인생을 살고 간 그녀의 모든 순간이 함께

했던 우리 모두에게 소중하고 의미 있는 시간이 되었다. 우리는 각자의 길을 걸어가며, 어떤 순간이든 놓치지 않고 즐기고 경험하며 성장해야 함을 다시 한번 느끼게 된다. 미래를 위해 노력하되, 현재를 소중히 여기며 살아가는 것이 중요하다. 디지털 아티스트 서영희 씨는 자신의 열정과 인내심으로 디지털 아티스트로서의 꿈을 이루었으며, 우리도 마찬가지로 꿈을 향해 노력하고자 할 때 함께했던 그녀의 이야기를 기억하며 나아갈 수 있을 것이다.

서영희 작가의 회고록 에세이는 그녀의 예술적인 여정과 스마트폰을 통해 표현한 순간들을 담고 있다. 그녀는 작품을 통해 일상의 아름다움과 감정을 표현하며, 감동과 영감을 전달하고 있다. 이 책에서 서영희 작가의 스마트폰 예술에 대한 열정과 창의성을 느낄 수 있을 것이다.

디지털 아티스트,
서영희

- 숭실사이버대학교 디지털 디자인학과 졸업
- 홍익대학교 아동미술 지도자 과정 수료
- 일산드로잉 회원
- 고양 여성 작가
- 색채 상담 코디네이터
- 유아미술 지도사

- 방송 | 삼성 갤럭시 협업(2회)-홍대점
  MBC 경제매거진 출연

디지털 아티스트
서영희

전시 이력

2017. 11. 육군사관학교 초청 작가전

2017. 05. 고양여성작가회전(고양 아람누리 갤러리누리)

2016. 10. 고양여성작가회전(고양 아람누리 갤러리누리)

2016. 07. 한국투자증권 특별초대전(여의도 본사)

2016. 06. 개인전. 휴대폰, 회화를 품다 2(인사동 시작갤러리)

2016. 06. 호국보훈의 달 호국 시화전(성남 시청로비)

2016. 04. 육사총동창회 70주년 초청 예술작가 특별전(육군사관학교)

2015. 06. 고양여성작가회전(17회)

2015.   삼성 VIP 달력 제작

2015.   갤럭시 5 뉴욕 발표 작품 2점 전시

2014. 10. 고양여성작가회전(고양 아람누리 갤러리누리)

2014. 09. '휴대폰, 회화를 품다'(인사동 환갤러리)

2014. 06. 선면여백 드로잉전(가온 갤러리)

2014. 06. 갤러리 한 초청전

2013. 10. 15회 고양 여성 작가회전

2012. 09. 고양여성작가회전 다수

2011. 05. 국제 누드 드로잉 아트페어 그룹전

2011. 08. 좋은 사람들 그룹전(인사동 엎드림갤러리)

2010. 09. 행주 사생회

2010. 06. 중국 청도 명가 미술관 초대전

2010. 05. Korea Art Festival 초대전

삼성전자와의 협업 시 서 작
가가 앞에서 휴대폰에 그리
는 모습으로 뒤 대형 모니터
에 그리는 그림을 실시간으
로 보여주는 모습

화
촌
의
열
정

S펜으로 그리다
Samsung GALAXY Note 4
S펜으로 그리다
서영희 I 김다정 작가와 함께하는
Samsung GALAXY Note 4
S펜으로 그리다
Samsung GALAXY Note 4

휴대폰에서 발견한 소소한 행복

작가 노트

예술가라면 누구나 왕성한 창작열과 아이디어 사이의 강박관념에 사로잡혀 고민하게 된다. 구태의연한 사고를 시원하게 부셔버리는 독특하고 개성 있는 유형의 작품들이 쏟아져 나오는 디지털 환경에서의 발 빠름은 조급함에 불을 붙여 경쟁의 속도를 높여주고 있다. 스트레스는 작가를 키워가는 창작을 위한 필수불가결의 키워드가 되지만 정신이 수반되지 않은 막연한 창작은 또 다른 고민에 빠지게 된다. 작가들의 정체성을 흔들어 놓을 수 있기 때문이다.

나는 우연한 부상으로 오랜 기간 병원에 입원하면서 참기 힘든 고통으로 신체의 중요성을 느끼게 되었다. 입원 기간이 길어지자 책으로만 마음을 달래기가 힘들어 우울증이 올 만큼 정신이 황폐해져만 갔다. 그러던 중 남편이 선물해준 휴대폰인 갤럭시 노트는 답답한 병원 생활에서 오는 우울증을 단번에 날려 줄 만큼 커다란 활력소를 준 고마운 존재다. 처음엔 선물한 남편을 감동시킬 생각에 병원으로 퇴근하는 남편에게 보여주려고 그리기 시작한 손바닥 만한 그림이 점점 다작이 되면서 화실의 캔버스보다 편해져서 자꾸만 습관처럼 그리게 되었다. 장소에 구애받지 않고 보이는 공간의 모든 것이 사실적으로 표현되면서 드로잉을 좋아하는 나로선 이만한 화폭이 없겠다 싶었다.

문제는 이 작품을 어떻게 활용해서 전시할지가 많이 고민되었다는 것이다. 하지만 그 고민조차도 내가 성장하는 원동력이 되어 주는 것 같아 당연하게 받아들였다. 아직도 많은 작가는 '그게 무슨 작품이 되겠어?' 정도로 생각하겠지만 힘들 때 나를 위로해준 이 작품을 혼자만의 만족으로만 간직하기엔 아깝다는 생각이 들어 개인전을 열기로 결심했다. 물론 캔버스 나종이에 직접 작업하는 기존의 작품과는 느낌이 다를 수 있지만 그래도 나만의 노하우로 만족도를 높일 수 있다고 생각했다.

현대미술의 신선한 느낌과 충격, 방향, 각도를 가늠해 보고 싶은 마음에 이 전시회에 정열을 쏟아 본다. 팝 아트와는 차별화된, 회화와 디지털의 만남으로 다른 차원의 퓨전미술을 표현하고 싶은 작가의 마음이 관람하시는 분들과 작가들에게 잘 전달되었으면 하는 바람이다.

언론 매체에
소개

스포츠서울

http://www.newsis.com

회화를 품은 스마트폰, 희망메시지 담은 서영희의 디지털 회화

아주경제

https://www.ajunews.com

아주경제

서영희 작가 휴대폰으로 그린 그림전..17일부터 환갤러리

김지 2014-09-16 08:25

디지털 세상에서 휴대폰에 회화를 검색시켜 함 이런 분위기를 내면서도, 또 다른 실내 미술을 주구해 온 화가 서영희(고영애성작가회), 중국 청도 명가이술관 초대작가가 17일부터 23일까지 종로구 인사동 환갤러리에서 휴대폰으로 그린 그림 전시회를 갖는다.

<휴대폰, 회화를 품다>라는 이번 전시회에서는 휴대폰 컴퓨시 노트로 그린 초상화, 누드 등 인물화를 중심으로 자연풍경 등 다채롭게 그린 그림 28점을 선보인다. 크로키처럼 순간 스케치를 하고 컬러를 넣어 화려하면서도 리얼한 움직임을 페이킹처럼 표현했다.

서영희는 "회화의 디지털이 만나 참 아트지마 또 다른 표현언어를 만들어 내는데 주안점을 주고 있다"면서

매일경제

https://www.mk.co.kr/

매일경제

한국투자證, 1층 로비서 서영희 작가 전시회

이상규 기자

한국금융지주 지회사 한국투자증권(유상호 사장)은 오는 15일까지 여의도 본사 1층 로비에서 휴대폰으로 디지털 회화를 새롭게 해석한 서영희 작가의 작품들 전시한다고 11일 밝혔다. 이번 전시회는 평소 유상호 한국투자증권 사장이 애기하는 행복경영을 보여주는 좋은 사례다. 서영희 작가는 한국투자증권 영업부에 재직 중인 송경근 상무의 부인으로 "나와 함께 일하는 사람이 무조건 행복해야 한다"는 차원에서 디지털 회화라는 새로운 장을 열어 도움을 주고자 한 것이다.

휴대폰으로 회화 작업을 하고 있는 서영희 작가는 인공적이며 박막하게 보여질 수 있는 디지털 회화를 우리가 공감할 수 있는 소재로 생명력을 불어넣어 일반적인 회화에서 보기 드문 색감과 부

이데일리

http://www.edaily.co.kr

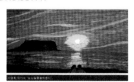

휴대폰으로 해석한 디지털회화…서영희 개인전

'휴대폰, 회화를 품다, 화중왕의 메시지'
6월 21일까지 인사동 갤러리 시작

화

촌

의

열

정

뉴시스
http://www.newsis.com

머니투데이
https://news.mtn.co.kr

MTN 뉴스

한투증권 유상호 사장의 행복경영...직원가족 서영희 작가,
본사서 개인전

한국금융지주 자회사 한국투자증권은 오는 15일까지 여의도 본사 1층 로비에서 휴대폰으로 디지털
회화를 새롭게 해석한 서영희 작가의 작품을 전시한다고 11일 밝혔다.

이번 전시회는 평소 유상호 한국투자증권 사장이 얘기하는 행복경영을 보여주는 좋은 사례다. 서영
희 작가는 한국투자증권 영업부에 재직 중인 송광근 상무의 부인으로, '나와 함께 일하는 사람은 무
조건 행복해야 한다'는 차원에서 디지털 회화라는 새로운 장을 여는 직원가족의 전시를 열어, 도움
을 주고자 한 것이다.

휴대폰으로 회화 작업을 하고 있는 서영희 작가는 인공적이며 딱딱하게 보여질 수 있는 디지털 회화
를 우리가 공감할 수 있는 소재로 생명력을 불어넣어 일반적인 회화에서 보기 드문 색감과 붓 터치
를 통해 디지털 회화의 새로운 장을 열고 있다는 평을 받고 있다.

기타 전시관련 자세한 문의는 한국투자증권(02-3276-4685)으로 하면 된다.

디지털 아티스트, 서영희

작품
소개

돌고래
50x90cm

화
촌
의
열
정

바다에서 고래를 보면 행운이
온다는 설이 있다. 고래 꿈을
꿔도 좋은 성과를 나타내게
된다는 해몽도 나온다.
바다 생물 중에서 가장 큰 동
물이니 포부 실현의 큰 성과를
거두게 된다는 의미이며, 현실
적으로 실현 가능함을 확신시
켜 준다는 뜻이기도 하다. '돌
고래가 노래하며 가까이 옴'
은 자신들이 도전하며 실현하
려는 일의 성과가 괄목할 만큼
크게 나타날 길조의 징조를 담
는 길몽으로 꼽는다.
현재 진행하고 있는 일의 성
과나 결과물을 기다리실 때
좋은 성과가 있음을 암시하는
해몽이다.

역동
50x90cm

꽃에도 꽃말이 있듯이 동물
에게도 각기 상징성이 있는
데 흰말의 상징은 만사형통
이고 권위와 재물이 생긴다
는 뜻으로 쓰인다.
특히, 하늘을 날듯이 일어나
있는 말은 승진, 당선, 합격,
취득, 승리, 성공 등 행운과
서광이 비친다는 뜻으로 표
현되기도 한다.

부귀영화
30x42cm

모란(목단)꽃의 꽃말은 부귀,
영화, 행복한 결혼이다.
모란은 꽃 중의 왕이라고 일
컬어진다. 그래서 중국에서
는 화중왕(化中王)이라고 중국
에서 불린다. 그 상징성에 따
라 신부 예복인 원삼, 활옷에
도 모란꽃이 수놓아지고 선
비들의 소박한 소망을 담은
책거리 그림에도 부귀와 공
명을 염원하는 모란이 그려
졌다.
왕비나 공주와 같은 귀한 운
을 타고난 여인들 옷에도 수
놓일 만큼 귀하고 재물을 염
원하는 사람들에게 높이 평
가되어 각 가정이나 궁궐에
서 그림이나 병풍으로 진열
되었다.

해바라기
30x42cm

꽃말은 존경, 숭배, 기다림이
지만 현대에서는 해바라기에
대한 재해석이 이루어지고
있다.
꽃잎은 황금색을 띠고 있어
서 재물이나 황금을 나타내
며, 빼곡히 박혀 있는 씨는
재물의 풍성함을 이루는 뜻
으로 해석되고 있다.

화
춘
의
열
정

민들레 행복
42x30cm

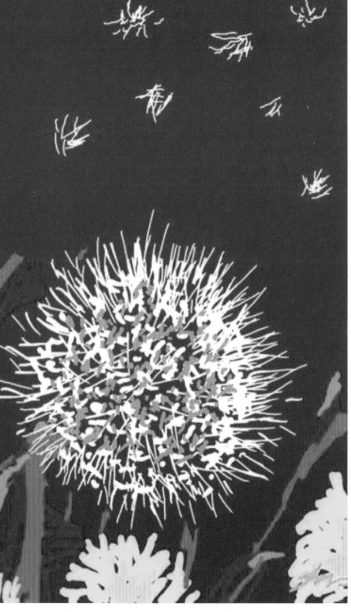

민들레의 꽃말은 감사
하는 마음과 행복이다.
민들레 홀씨는 행복을
나누어 드리는 의미로
비유한다.

사랑
32x53cm

황제 펭귄은 새끼 사랑, 가족 사랑의 표본을 보여준다.
또한, 5천만 년 이상 한 해도 거르지 않고 유전자를 보존해온 황제 펭귄의 삶은 무척 경이롭다.
그래서 황제 펭귄의 가족 사랑은 어쩌면 인간에게 표본이 된다.

동백꽃
23x42cm

동백의 꽃말은 '신중, 허세 부리지 않음, 진실한 사랑, 청렴, 절조, 겸손한 마음, 그대를 누구보다도 사랑합니다' 등이다. 동백나무 꽃말은 '매력'이라고 한다.

선물
32x53cm

장미는 색깔에 따라 의미가
다양하다. 또한 송이의 수에
따라 그 의미가 다양하다.
그러나 여기서 작가의 장미
는 감동, 감사, 사랑 등 다양
한 의미를 함축해서 그림에
담고 있다.

산토리니
32x53cm

산토리니의 노을을 표현한
작품이다. 산토리니의 하얀
색 건축물과 마주한 느낌은
우리를 환상의 세계로 인도
한다.

모정
22x29cm

황금방울새의 특징은 몸통
에 노란색 무늬가 뚜렷하다
는 것이다. 때때로 방울새는
'또로롱또로롱' 하며 방울 소
리를 낸다 하여 방울이라 불
렀다 한다.
제주 해안의 어름이 낮은 지
대에서부터 한라산의 높은
지대까지 방울이들이 고르게
분포해 있다.
황금방울새를 보면 백만장자
와 결혼하게 된다는 속설이
전해 온다.

프레쉬
Fresh
32x53cm

국화의 모습을 정화되고 신
선한 느낌으로 디자인적인
요소를 가미하여 표현한 작
품이다.

화
촌
의
열
정

새벽 호수
65x37cm

작가가 가장 애착을 많
이 느끼는 작품이다. 물
은 재물을 의미하지만
십장생도 부귀를 의미
하는 요소 중에 물과 구
름을 포함하고 있다.

성산 일출봉
65x37cm

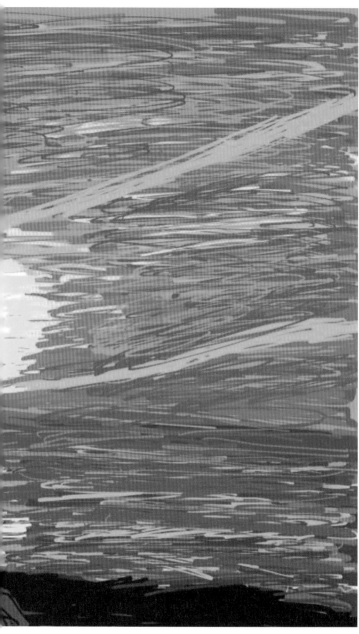

한 해를 시작하는 마음을 표현하였으며, 또한, 언제나 한결같은 마음으로 시작하는 것을 알리는 시점이 표현된 작품이다.

소녀와 바다
32x53cm

바다를 닮은 발랄하고 상큼
한 소녀의 감성과 미소를 표
현하였으며 또한, 기분이 유
쾌해지는 작품이다

순수
32x53cm

순수 속의 정열을 표현하였다.

알로하
Aloha
32x53cm

화
촌
의
열
정

하와이(Aloha)는 반가움을 표하는 인사이기도 하면서, 서로에 대한 배려와 존경, 친절, 애정과 사랑을 의미한다고 한다. 이 모든 따뜻한 감정을 Aloha라는 한 단어에 표현한 것이 참 놀랍기도 하다. 하와이 사람들은 이처럼 알로하정신을 갖고 사는 것을 자랑스럽게 생각하고 있다.

승무
27x40cm

한국의 전통 무용으로 "승무(僧舞)는 자신을 낮추는 데에서 시작된다. 몸을 굽혀 하늘을 우러르며 상
대를 높인다. 그리고 바닥에 엎드려 절을 올리며 땅과 하나가 된다. 이게 천지인(天地人)이다.

천지인 합일을 이룬 뒤엔 두 팔을 좌우로 뻗어 태극(太極)을 그린다. 두 팔을 좌우로 뿌린 후, 엎었다
젖혔다 하면서 음양(陰陽)을 아우른다. 그런 다음 서서히 일어나 중심을 잡고 홀로 섭니다.(唯我獨尊)
그리고 세상을 향해 앞으로 나아가는 것이다. 앞으로 세 번 뒤로 세 번, 즉 삼진삼퇴(三進三退)하면서
오행(五行·옛 사람들이 우주의 근본을 이루는 물질이라 여긴 다섯 가지 요소)을 섭렵한다.

이후 하늘을 향해 두 팔을 힘차게 뻗는다. 두 다리는 육중하게 땅을 박차고 선다. 전후좌우의 8개 방
향으로 나아가며 팔괘(八卦)를 그린다. 이렇게 한 발 두 발 걸어 나가는 것, 그것이 바로 우리 삶의 모
습이다."

어머니,
나의 어머니
22x30cm

세월이 흘렀어도 언제나 따
뜻한 고향과도 같은 어머니
의 푸근함을 표현한 작품이
다.

행복에 갇힌
나비
32x53cm

목단에는 나비가 날아들지 않는다는 속설이 있다. 하지만 그림이란 작가의 상상력과 표현이 깃든 것이다.
이 작품 또한 작가의 상상 속에 등장하는 목단의 나비로 나비란 꿀을 끌어모으는 파충류로 이 작품의 의미는 풍족한 재물을 상징하는 작품이다.

화

춘

의

열

정

이탈리아
카페에서의
만남
30x42cm

유럽 여행 중 보기니스 카페
에서 시거를 멋지게 물고 있
는 이탈리아 남성의 멋진 포
즈를 한껏 표현하여 스케치
한 작품이다.

한옥의 밤
30x42cm

전주 한옥마을에서 우연히 밤
에 바라본 풍경이 눈에 들어
왔다. 바로 그 자리에서 스케
치를 하여 표현해본 작품이다.

정오의 성산 일출봉

42x30cm

정오에 따뜻하게 비치는 일출
봉의 바다 빛깔과 육지의 한가
로운 휴양적인 느낌을 표현한
작품이다.

어느 유럽 겨울
25x14cm

발칸 반도에 있는 자그마한 유
럽의 도시를 표현한 작품이다.
깔끔하고 장엄하고 웅장한 도
시이지만 한편으로는 도시의
고즈넉함을 나타내었다.

몽골의 겨울은 엄청 매섭다. 한국의 겨울하고는 비교도 안 되는 추위에 초원의 말들을
보온이 되는 울타리로 이동시키는 장면을 생동감 넘치게 표현한 작품이다.

몽골의
겨우살이
50x90cm

오월은 장미의 계절이라고 한다. 장미는 사람들에게 행복을 나눠주는 꽃이라고도 할 수 있다.기쁠 때나 축하받을 때는 어김없이 장미는 그곳에서 기쁨을 전달하고, 표현해주는 존재감을 과시한다. 모두가 즐겁고 행복하기를 기원의 마음을 담아 표현한 작품이다.

장미의 행복
50x90cm

깊고 푸른밤
30x42cm

심리학 공부를 하면서 인간
의 심리를 표현한 작품으로
심신을 달래주며 기운을 달
래주는 효과를 보는 의미가
있다.

봄의 소리
50x90cm

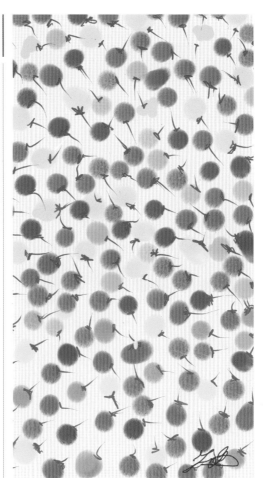

추운 겨울을 보내면서 송알
송알 따뜻한 볕을 그리워하는
마음을 표현한 작품이다.

호금조 부부
19x30cm

호금조는 길조로 집안의 풍
요와 행복을 기원하는 의미
가 있다.

호금조 새끼
19x30cm

누네르 회화를 품다

화
촌
의
열

정

백호
42×30cm

디지털 아티스트, 서영희

유화
작품

정물화

서양화의 한 장르, 스스로 움직이지 못하는 생명이 없는 물건

석류 1(2003년)

석류 2(2010년)

작은 화분 1(2011년)

작은 화분 2(2010년)

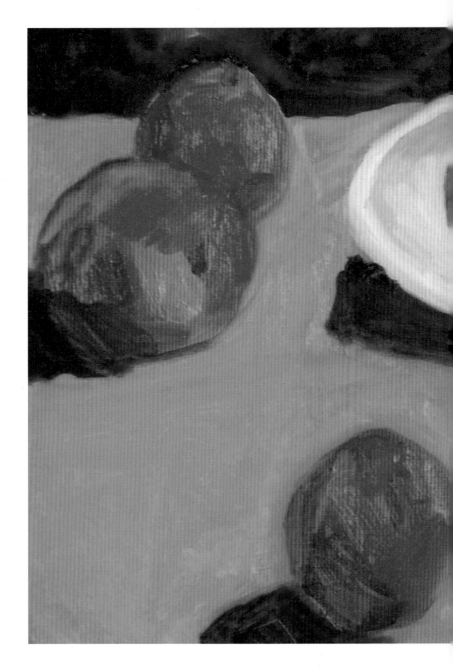

화
촌
의
열
정

초록 보자기
사과(2005년)

Prat 2
현대를 회화를 품다

해바라기 1(2007년)

해바라기 2(2010년)

꽃과 바이올린(2010년)

꽃과 와인(2008년)

화
촌
의
열
정

맨드라미 1(2011년)

맨드라미 2(2011년)

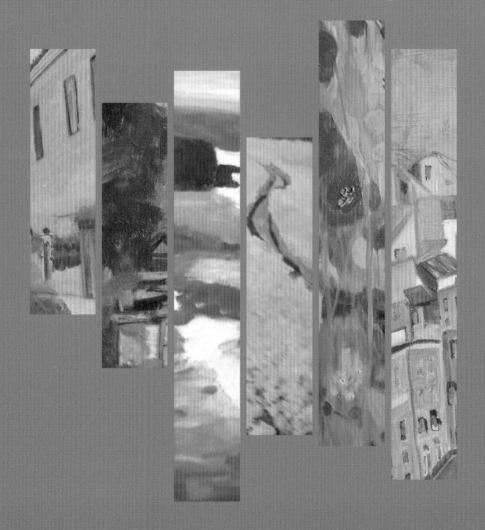

풍경을 주제로 한 회화　　풍경화

스페인 거리 카페에서(2011년)

한국 농가(2009년)

스페인 농가(2011년)

화
촌
의
열
정

바다
(2007년)

Prat 2

후대를 회화를 묻다

스페인 골목길(2011년)

도시의 향연(2012년)

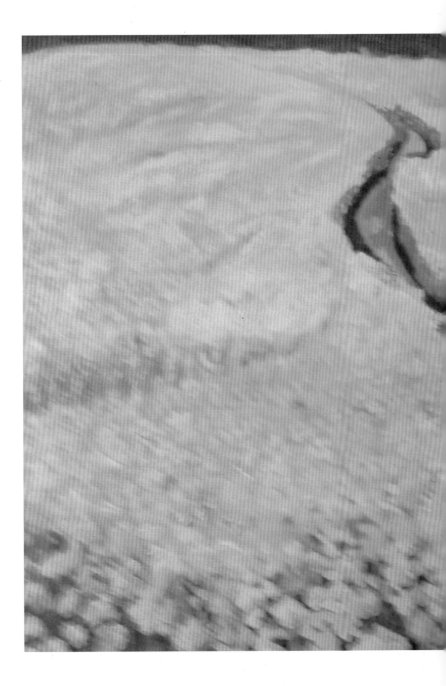

화

촌

의

열

정

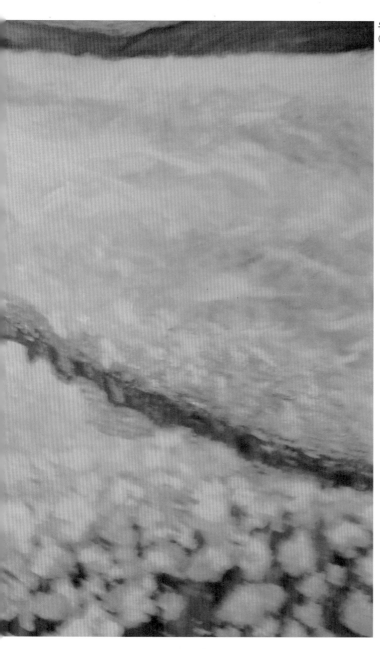

유채밭
(2008년)

양귀비 1(2010년)

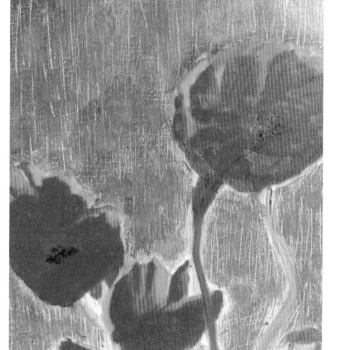

양귀비 2(2011년)

화
촌
의
열
정

소나무(2001년)

가을 소나무 숲(2009년)

맨드라미 숲(2012년)

자작나무(2011년)

인물
드로잉화

회화 작품에서 정물화, 화조화, 풍경화에
대하여 인물이 주제로 그려진 작품

소녀와 책(2011년)

소년과 소녀(2011년)

여인(2011년)

미소(2008년)

화
촌
의
열
정

여인의 뒤태(2011년)

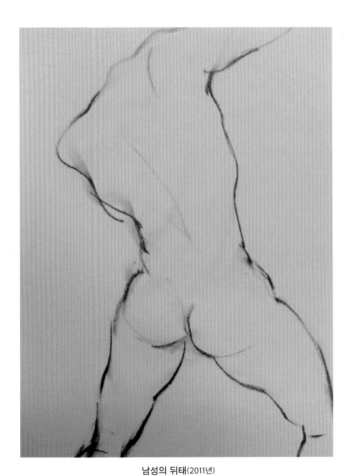

남성의 뒤태(2011년)

Part 3
에필로그

花村

나를 다시 일으켜 세우다

화
촌
의
열
정

미국의 초대 대통령을 지냈던 '조지 워싱턴'은 어린 학생이었을 때부터 가슴에 품고 있는 이상을 실현해 나가기 위해 남다른 행보를 하였다고 한다. 즉 하루하루를 대충대충 보내지 않고 17가지 인생의 법칙을 마음에 담고 자기 연마를 게을리하지 않았다.

1. 항상 하나님 앞에 선 것처럼 행동하고 그분을 기쁘게 해드리는 것을 삶에 있어서 최고의 목적으로 삼으라.

2. 우선 무엇보다도 하나님의 명확한 뜻을 구하고 그 뜻에 따르도록 하라.

3. 아무런 생각도 품지 말고, 어떠한 감정에도 빠지지 말고, 어떠한 말과 행동도 하지 말라.

4. 매일매일 하나님과 함께 시작하고 마감하라.

5. 하나님을 이해하고 믿고 또한 그분에게 복종하기 위해 매일같이 그분의 말씀인 성경을 읽고 깊이 이해하고 기도하라.

6. 어느 누구에게든 조금이라도 불친절한 태도를 보이지 않도록 하라.

7. 당신이 영향을 줄 수도 있는 현재와 미래의 모든 세대의 행복을 증진하는 것을 당신의 삶의 목표로 삼도록 하라.

8. 하나님의 섭리 속에서 그분의 손길을 느끼라.

9. 누군가가 당신보다 나은 위치에 있다고 부러워하지도 말고 당신보다 낮은 위치에 있다고 멸시하지도 말라.

10. 누군가에 대해 나쁘게 말하거나 좋지 않은 감정을 갖지 않도록 하라.

11. 어떤 말을 할 때 항상 정확한 진실만을 말하도록 하라.

12. 늘 하나님을 위해 행동하라.

13. 예수 그리스도를 바라보는 것을 습관화하라.

14. 성령을 인간의 모든 선함의 근원으로 생각하라.

15. 성령의 인도로 예수 그리스도를 닮도록 간절히 소망하고 당신이 그리스도를 온전히 닮는 것을 방해하는 모든 것을 피하도록 하라.

16. 하나님의 뜻을 행하는 것을 먹고 마시는 것처럼 하고 끊임없이 하나님의 말씀을 받들어 순종하라.

17. 당신이 받았던 모든 좋은 것, 그리고 현재 받고 있고 또한 앞으로 받게 될 모든 좋은 것이 예수 그리스도의 은혜임을 느끼고 인정하라.

워싱턴의 17가지 법칙은 서영희 작가를 하늘나라로 보내고 슬픔에 잠겼을 때 내 삶의 매일매일을 신성하게 하고 나 자신을 돌보며 나를 다시 한번 일으켜 세워 주었다.

얼마 전 지인께서 나를 위로하기 위해 '절대 버리지 말아야 할 10가지'라는 글을 보내줬다. 나는 그 글을 읽으면서 앞으로 내 인생을 살아가면서 '이를 악물고' 지켜야 할 만큼 큰 가치가 있다고 생각하고 수십 번 되뇌며 이렇게 나 자신에게 다짐했다.

첫째, 이를 악물고 끝까지 꿈을 절대 버리지 않고 지켜나가겠다.

둘째, 이를 악물고 끝까지 사람을 미워하지 않아야겠다.

셋째, 이를 악물고 끝까지 말로는 상처를 입히지 않아야겠다.

넷째, 이를 악물고 끝까지 자신을 포기하지 않겠다. 내가 나를 먼저 믿어줘야 남도 나를 믿어줄 것을 믿는다.

다섯째, 이를 악물고 끝까지 죽는소리를 내지 않겠다. 사람은 그렇게 쉽게 죽지 않는다.

여섯째, 이를 악물고 끝까지 어두운 생각을 하지 않겠다. 힘들 때 캄캄한 골방으로 들어가지 않고 햇빛 찬란한 밖으로 나와야 일이 해결되지 않겠는가.

일곱째, 이를 악물고 끝까지 마음을 닫지 말아야겠다. 대문을 열면 도둑이 들어오지만 마음을 열면 기회와 행운이 들어온다고 했다.

여덟째, 이를 악물고 끝까지 일을 손에서 놓지 않겠다. 할 일이 없으면 주변 청소부터 시작하면 된다. 주변과 몸과 마음이 깨끗하면 어둠이 들어올 틈이 없다.

아홉째, 이를 악물고 끝까지 원망하지 말아야겠다. 원망하면 원망할 일이 더 생겨나고 감사하면 감사할 일이 마구 생겨난다는 것을 지금까지 겪어온 인생살이를 통해 잘 알고 있기 때문이다.

열 번째, 이를 악물고 잠자리까지 고민을 가지고 가지 않겠다. 잠자기 전에 하루에 있었던 일 중에서 좋은 기억만 떠올리고 앙금을 모두 떨쳐 버리겠다.

우리의 마음은 다스리는 힘을 가지고 있다고 한다. 생각과 꿈과 믿음과 말로써 마음속에서 환경을 다스린다는 것이다. 나는 '못 산다, 안 된다, 할 수 없다'는 마음을 가지고 있으면 못 되고 안 되고 할 수 없다는 것이다. 나는 어려움이 닥쳐와도 어려움을 마음으로 극복할 수 있다고 믿고 이를 악물며 버텼고 이겨 왔다.

마음에 가득 담은 긍정적 생각으로 극복하고, 이루고 싶은 꿈으로 극복하고, 할 수 있다는 자신감으로 극복해 나간 것이다. '나에게는 기쁨이 있다, 나에게는 즐거움이 있다, 나에게는 행복이 있다, 나에게는 건강이 있다, 내가 하는 일은 모두 잘될 것이다'라고 마음에 담고 다짐하면서 '오늘은 내일보다, 다음 달

은 이번 달보다, 내년은 금년보다 더 좋은 일이 있을 것'이라고
믿었다.

그 꿈이 넘치게 이루어질 수 있도록 삶의 현장에서 더욱 부
지런하게 움직이며 활기차게 살아갈 것이다.

인생 공부

    어느 마을에서 축제가 있었는데 이때 각 가정에서 가장 좋
은 포도주를 가져오기로 했다고 한다. 축제 당일 사람들은 저마
다 집에서 가장 좋은 포도주를 가져다가 포도주통에 부었다. 그
런데 포도주통에 가득 찬 것은 가장 좋은 포도주가 아니라 맹
물이었다. 그 까닭을 알아보니 마을 사람들이 모두 가장 좋은
포도주를 마시고 싶어 했으면서도 실제 집에서 포도주를 가지
고 나올 때는 하나같이 '나 하나쯤 맹물을 가져간들 어떠랴' 하
는 심정으로 모두 맹물을 가져갔던 것이고 결국 포도주가 있어
야 할 통에는 맹물만 가득차게 되었던 것이다.

    이 이야기에는 우리가 잠시도 자기의 본분을 잊어서는 안
된다는 교훈이 담겨 있다. "나 하나쯤"이야 하면서 자기의 자리
와 의무를 다하지 않고 본분을 잊을 때 얼마나 실망스러운 결과
가 기다리고 있겠는가? 자기 자리와 직분을 잊지 않고 자기 분

야에서 최고가 되기 위한 끊임없는 노력을 통해 나는 내가 해야 할 일, 해서는 안 될 일을 명확하게 구분하며 고객의 삶의 질이 향상될 수 있도록 혼신의 힘을 쏟았다.

세계적인 투자 전문가인 로저스 홀딩스의 짐 로저스 회장은 우리에게 긍정적이고 잠재력이 있는 미래를 바라보라고 한다. 류수노 총장님은 자신의 저서인 『넘어져도 괜찮아』에서 "배움을 얻는다는 것은 자신의 인생을 사는 것이라고 한 법륜 스님의 말처럼, 자신의 삶을 살아내면서 스스로 찾아서 배워야 한다. 똑같은 일을 반복하면서 다른 결과가 나오길 기대하는 것은 어리석은 일이다. 삶을 성공적으로 영위하기 위해서는 배우고 성찰하고 자신감을 가지고 도전을 게을리하지 말아야 한다. 버드나무는 백 번 꺾여도 새 가지가 난다."라고 말씀하셨는데 그 글을 읽고 희망을 가졌다.

우리가 시간과 노력을 들이는 모든 행위는 공부다. 우리는 누구나 매일 공부를 하고 있다. 상인의 공부는 장사이고, 투자 증권사 영업부 직원의 공부는 수익률 높이기다. 시장이 실시간으로 어떤 트렌드를 보이고 있는지, 어느 나라에서, 누가, 어떻게 거래하는지도 알아야 한다. 더구나 어떤 종목이 포함되었는지, 그 종목을 사거나 팔고 나면 어떤 결과가 나타날지 공부하고 또 공부해야 한다.

다음은 친구인 주식농부 박역옥 회장이 좋아하는 말이다. "일 년 사계절 농부가 씨 뿌리고 풍성한 수확을 할 때까지 정성

214

화
촌
의
열
정

을 다하듯이, 증권사 영업부 직원은 누구보다 증권시장의 흐름을 제대로 읽고 변화무쌍한 경제 여건을 포착해서 결국은 고객에게 적절한 수익을 안겨주는 실전 공부를 게을리하지 않아야 한다." 나는 그런 자세로 자투리 시간도 아껴가며 공부했다. 제 이름인 송광근(宋廣根) 그대로 고객의 마음에 믿음의 뿌리를 깊게 내리는 송죽의 절개와 바윗돌 같은 끈기로 고객과 함께 지내왔다.

어려서부터 교회에서 신앙생활을 했기에 더 많은 믿음을 자산으로 책임감 하나로 고객의 자산관리에 최선을 다했다. 그런 연유에서인지 한투에 처음 입사해 본사에서 근무하다 영업부로 이동하면서 1984년 8월 1일부터 고객 섭외일지를 개인적으로 쓰게 되었다. 그때의 고객분들 중에서 2023년 현재까지 저와 함께 무려 39년 동안 재테크를 하고 계신 분이 다수 있다.

영화 <철의 여인>에서 치매에 걸린 마가렛 대처 전 영국 수상이 정신과 의사와 상담을 하면서 남긴 말이 있다. "생각을 조심하라, 말이 된다. 말을 조심하라, 습관이 된다. 습관을 조심하라, 성격이 된다. 성격을 조심하라, 운명이 된다. 우리가 생각하는 대로, 우리는 실현된다." 우리의 생각이 말이 되고, 습관이 되고, 성격이 되고, 마침내 운명이 된다는 것이다.

결국 운명의 출발점이자 첫 단계가 바로 생각이라는 것을 알 수 있다. 인생유부침(人生有浮沈)이라는 말이 있다. 삶에는 오르내림이 있다는 뜻이다. 언제 어느 때 어떤 씨앗을 뿌려야 행운의 열매를 수확할 수 있을까? 그 해답은 어려운 처지에 굴하지 않고 주어진 운명을 자신의 노력으로 개척해 나가는 것이라고 생각한다.

지혜가 부족하여 내가 마음 먹은대로 되지 않아 안타까운 순간이 참 많았지만 주변의 각별한 애정과 격려 덕분에 초심을 잊지 않고 미력하지만 혼신의 힘을 쏟아올 수 있었다. 서영희 작가를 하늘나라로 보낸 후, 고독과 외로움을 지우기 위해 다니던

교회에서 그동안 시간이 없다는 핑계로 하지 못하던 성가대 봉사도 하고, 서울대 건강리더 최고위 과정과 서울대 인생대학교 두 곳을 다녔다.

서울대 건강리더 최고위 과정에서 서 작가가 투병하던 때의 병상일지를 중심으로 진솔하게 쓴 내용이 최고위 논문상을 받았다. 생각지도 못했는데 과분한 수상을 하게 되니 감개무량했다. 하늘에 있는 아내에게 그 상을 바쳤다. 서울대 건강리더 최고위 과정은 제3의 인생을 사는 데 꼭 필요한 과정으로 적극적으로 추천드리고 싶다. 거기서 웰빙(well-being)하고 웰에이징(well-aging)하는 지혜를 배우게 될 것이다. 또한 원우로 등록하신 분들 중에는 사회에서 훌륭하고 덕망 높은 선배님들이 많아 좋은 말씀과 행동을 배울 수 있었다. 참고로 서울대 의대 건강리더 19기 과정과 관악캠퍼스에서 진행하는 서울대 인생대학교 14기 과정의 수업 일정을 소개한다.

◎ 19기 건강리더 최고위 과정(매주 수요일)

- 수업시간표 : 1교시(17:00~15:15), 석식(18:15~19:15)
  2교시(19:15~20:30)

날짜	강사		소속	강의 내용	강의 장소
3월 29일	1교시		서울대학교 의과대학	입학식	서울대 의대 행정관 301호
	2교시	조비룡		포스트코로나 건강증진법	
4월 5일	1교시	김난도	서울대학교 생활과학	트렌드 2023	
	2교시	송옥	서울대학교 사범대학	노화와 운동	
4월 12일	1교시	나상훈	서울대학교 의과대학	혈압약 먹을까요? 따끈따끈한 혈압, 고지혈증의 거의 모든 역사	
	2교시	정진호	서울대학교 의과대학	늙지 않는 피부 젊어지는 피부	
4월 19일	1교시	최호천	서울대학교 의과대학	암! 제대로 이해하고 관리하기	
	2교시	정현훈	서울대학교 의과대학	갱년기-폐경기 여성의 건강관리	
4월 28일 ~29일	국내현장학습(순창군)				순창군
5월 3일	1교시	박용후	㈜PYH 대표이사	관점을 디자인하라	서울대 의대 행정관 301호
	2교시	김미금	서울대학교 의과대학	노안과 백내장	
5월 10일	1교시	윤대현	서울대학교 의과대학	뇌를 즐겁게 하라	
	2교시	정원호	삼성서울병원	건강한 귀가 행복한 노후를 만든다	
5월 17일	1교시	최승호	서울대학교 의과대학	건강한 때 만들기 노년층의 폐암과 만성폐질환	
	2교시	조영태	서울대학교 보건대학원	인구로 여는 미래 희망	
5월 24일	1교시	나상훈	서울대학교 의과대학	내 심장도 멈출 수 있다	
	2교시	나상훈	서울대학교 의과대학	꼭 알아야 할 심폐소생술	

5월 31일	1교시	김성균	서울대학교 치의학대학원	씹는 즐거움	서울대 의대 행정관 301호
	2교시	김상윤	서울대학교 의과대학	뇌 건강과 치매예방	
6월 7일	1교시	허성도	서울대학교 명예교수	우리 역사 다시보기	서울대 의대 행정관 301호
	2교시	박원범	서울대학교 사범대학	전염병	
6월 14일	1교시	임종필	서울대학교 의과대학	건강한 소화기 관리	서울대 의대 행정관 301호
	2교시	정운찬	동반성장연구소	고령화사회의 경제 전망	
6월 21일	1교시	정선근	서울대학교 의과대학	장수시대 근골격계 통증과 관리	
	2교시	구본권	서울대학교 의과대학	건강한 심장, 튼튼한 심장	
6월 28일	1교시	만상일	서울대학교 의과대학	장기이식	
	2교시	곽철	서울대학교 의과대학	전립선암의 예방과 관리	
7월 5일	1교시	민승기	서울대학교 의과대학	대동백, 경동맥, 하지정맥	
	2교시	조비룡	서울대학교 의과대학	만성질환의 기능저하 관리를 통한 건강노화	
7월 12일	1교시	박상철	전남대학교 석좌교수	노화혁명	
	2교시	워크숍 : 건강한 장수인, 바람직한 장수사회			
미정	졸업여행				미정
8월 30일	수료식				서울대 의대 행정관 301호

◎ 서울대학교 U3A 제14기 교육과정

제1학기(2023년 5월 16일~7월 18일)

화
춘
의
열
정

주차	강의 일정	시간	과목명	강사명
1주	5/16(화)	19:00~20:30	중년기와 피부관리	정진호 (서울대학교 의과대학 교수 & 노화고령사회연구소장)
2주	5/23(화)	19:00~20:30	세월과 마음 : 나이 들어가는 나 이해하기	한경혜 (서울대학교 아동가족학과 명예교수)
3주	5/30(화)	19:00~20:30	중·노년기에 꼭 해야 할 운동 Ⅰ	송옥 (서울대학교 체육교육과 교수)
4주	6/13(화)	19:00~20:30	상속과 증여설계	이창환 (담소재산상속계획법연구소 소장)
5주	6/20(화)	19:00~20:30	바이오닉 신경보철: 건강한 제3기 인생을 위한 준비	김성준 (서울대학교 전기정보공학부 명예교수)
1학기 WORKSHOP(순창군 방문/1박 2일) 날짜 미정					
6주	6/20(화)	19:00~20:30	노년기, 함께 나이들기: 중노년기 심리, 사회적 변화와 이해	김경민 (서울대학교 아동가족학과 교수)
7주	7/4(화)	19:00~20:30	나이 들면 찾아오는 척추 / 관절 통증 예방과 관리	정성근 (서울대학교 의과대학 교수)
8주	7/11(화)	19:00~20:30	튼튼한 심장, 건강한 혈관	구본권 (서울대학교 의과대학 교수)
9주	7/18(화)	19:00~20:30	100세 장수시대의 건강과 행복	박상철 (전남대학교 연구석좌교수)
7/19 ~ 9/4 2023년 하계방학					

◎ 서울대학교 U3A 제14기 교육과정

제2학기(2023년 9월 5일~12월 5일)

주차	강의 일정	시간	과목명	강사명
10주	9/5(화)	19:00~20:30	우리 역사 다시 보기	허성도 (서울대학교 중어중문학과 명예교수)
12주	9/19(화)	19:00~20:30	인공지능의 발달과 인간의 미래	박진 (NH투자증권 100세시대연구소 소장)
13주	9/26(화)	19:00~20:30	중·노년기에 꼭 해야 할 운동 II	송옥 (서울대학교 체육교육과 교수)
14주	10/10(화)	19:00~20:30	케이팝과 문화 하이브리드 : 지역음악과 글로벌 음악사이	이규탁 (George Mason University-Korea, Art & Science)
15주	10/17(화)	19:00~20:30	건강을 지키는 식생활	dbswlgus (서울대학교 생물과학대학 교수)
16주	10/24(화)	19:00~20:30	제3기 인생과 사회공헌	이금룡 (상명대학교 가족복지학과 교수)
17주	10/31(화)	19:00~20:30	현대문화와 종교신화 : 슈퍼히어로와 신화 속 영웅	정성근 (서울대학교 종교학과 교수)
졸업여행(날짜 미정)				
18주	11/7(화)	19:00~20:30	평생스포츠와 피클볼	허진무 (연세대학교 스포츠응용산업학과 교수)
19주	11/14(화)	19:00~20:30	행복한 마음!! 건강한 신체!!	조비룡 (서울대학교 의과대학 교수)
20주	11/21(화)	19:00~20:30	지적행복을 위한 미술 감상	서정욱 (아트앤콘텐츠 관장)
21주	11/28(화)	19:00~20:30	시진핑 집권 3기의 국가발전 전략	조영남 (서울대학교 국제대학원 교수)
22주	12/5(화)	19:00~20:30	성악의 이해	서혜연 (서울대학교 음악대학 교수)
12/12(화) 제14기 수료식				

친구들도 진 빠진 나를 데리고 산으로 들로 산행을 자주 하기도 했다. 그런 멋진 친구들에게 고맙고 감사한 마음을 전한다.

서 작가를 보낸 후 한동안 직장에서 모든 직원이 대화하는 작은 말소리까지 나에 대한 얘기를 하는 것은 아닌지 염려했을 때도 있었고, 집에 와서는 혼자라는 외로움과 고독에서 벗어나려 안간힘을 다했다. 저녁만 먹으면 바로 집 근처에 있는 올림픽공원과 일자산으로 산책을 나가고 10년 전에 배우던 색소폰을 다시 배우기 위해 학원에도 등록하며, 에어로폰도 구입해서 연습하곤 했다. 그 당시 "추위에 떨어본 사람일수록 태양의 따뜻함을 알고, 인생의 괴로움을 겪은 사람일수록 생명의 존귀함을 안다."는 미국의 시인 휘트먼의 말이 가슴으로 다가왔다.

주력해야 할 증권분석시간은 나를 던지는 시간이었다. 리포트를 많이 보게 되었는데 특히 회사에서는 대형모니터를 3개나 보고, 집에서는 보며, 수시로 휴대폰으로 정보 취득을 많이 하였다. 이렇게 하다 보니 눈이 급격하게 나빠져서 눈이 쉽게 피로해지고 눈물도 많이 나와 여러 안과를 다녔으나 쉽게 좋아지지는 않았다. 증권투자는 한가롭게 그냥 잘 찍어서 하는 게 아니고 엄청난 노력을 해야 한다. 저녁에 공들여 분석을 했어도 그다음 날은 다른 종목을 보고 있는 경우가 허다하다.

기회가 된다면 훗날 재테크에 대해서도 이야기하고 싶다. 가족의 건강을 지키는 것은 물론 남은 인생 동안 나를 필요로 하는 곳에 봉사하려면 자금 관리도 매우 중요하다고 생각한다.

나는 주로 고객 님들의 자산을 직접 운용해드리지만 투자자문사에 맡기는 것도 선호한다. 내가 혼자 운영하기보다는 잘하는 투자자문사를 추천해서 그들이 수익을 내주는 것이 훨씬 좋다고 생각하기 때문이다. 수익을 잘 내는 투자자문사를 알려면 우선 지금 당장 3개 이상의 대형증권회사에 가서 추천을 받아보라. 추천해주는 투자자문사 중에서 가장 많이 추천된 자문사는 일단 검증을 거친 회사로 보면 된다. 나에게 추천하라 하면 현재까진 이재완 대표가 있는 타이거투자자문사를 우선적으로 꼽고 싶다.

오랫동안 가입하신 고객뿐만 아니라 내가 가장 큰 신뢰를 보내는 투자자문사다. 레오투자자문 김상백 대표도 잘해 왔는데 2021년 증권시장이 좋을 때 고객자산을 다 정리하고 투자자문사 등록증을 반납했다. 이분 또한 존경한다. 안창남 대표가 운용하는 카이투자자문사도 분산투자를 해서 안정적 운용을 잘한다. 항상 고마운 마음을 간직하고 있다. 내가 알지 못하는 더 잘하는 곳도 많이 있을 것이다. 그래서 발품을 팔아 알아보시라는 것이다.

지금까지 나와 나의 가족을 위해 고생했던 모든 분께 감사드린다. 특히 집 가까이에서 언제나 함께하며 도와준 처제네, 뉴질랜드에서 와서 임종 무렵 도와주신 둘째 처형네 감사드린다. 교회 전 구역장님이셨던 정연실 권사님, 김창임 권사님, 김귀숙 선생님, 노량진교회 여충호 담임 목사님과 부목사님들께

223
Prat 3
에필로그

도 감사드린다. 일산 아들 친구 부모님들, 대전 아들 친구 부모님들, 내 오랜 친구들 모두에게 감사드린다. 더불어 서울대의대 건강관리 최고관리자 과정 강의를 들을 수 있도록 도와주신 전순경 선생님과 정진호 교수님과 송욱 교수님 그리고 강의에 참여해주신 교수님들께 감사드린다.

'한 발은 오늘, 다른 한 발은 내일에 걸쳐놓는다'는 심정으로 신명을 다 바쳐 열심히 살아왔다. 오늘 담근 발은 고객에게 최선의 서비스를 하는 것이고, 내일에 걸쳐 놓은 발은 다가오는 미래에 대비해 비전을 가지고 준비하는 것이라고 생각하고 그 말 그대로 실천하며 지냈다. 네덜란드 합리주의 철학자인 스피노자는 "내일 지구의 종말이 온다 할지라도 나는 오늘 한 그루의 사과나무를 심겠다."라고 말했다.

뜻이 있는 곳에 길이 있다고 한다. 모두가 인생에 대해서 희망을 가지라고 강조한 말이다. 그렇다. 인생은 꿈이고 희망이다. 나는 오늘 첫발을 내딛는 처음과 같은 마음으로 '희망과 노력, 성실'의 자세로 일하고, 즐기고, 봉사하는 삶을 살아갈 것이다.